# 所有的生命都在流動

## 大海給你我的生命指引

*Petite philosophie de la mer*

洛朗絲・德維萊爾——著
Laurence Devillairs
梁若瑜——譯

# 各界推薦

這本書發明了一種海洋語言，其聲音與文字穿透我們的肉體和靈魂。

——法國哲學月刊《Philomag》

對於生命和海洋竟能有如此深刻、寬廣且嶄新的見解……我對這本書充滿欽佩。

——李海仁（이해인），韓國詩人

洛朗絲的哲學思維，幫助我們活得更好、心靈更愉悅。

——菲德立克．勒諾瓦（Frédéric Lenoir），法國知名哲學家

這本書讓我們重新連結內心的野性。大海就是人生，更向我們展示了存在的意義，為懂得傾聽、追求安定的人，靜靜傳授人生的建議。

——派翠西亞・馬丁（Patricia Martin），法國國際廣播電台主持人

《所有的生命都在流動》既不屬於個人成長，也並非冥想課程，而是能打開我們眼界的智慧。

——《觀點週刊》（*Le Point*）

嚴格來說，這不是本哲學書，因為讀者不會在其中找到深刻的理論或廣泛的論證。很奇怪的是，我讀完之後並沒有學到任何新東西，但這位作者帶我踏上的旅程，卻改變了我。那不是知識，而是智慧！

——亞馬遜網路書店讀者

在這本一百多頁的小書中，有一個完整的世界，一個完整的宇宙。裡頭既有大海的世界，也有我們每個人的世界。我特別欣賞其中提到的歷史、文學和藝術，更加佩服作者能將這些與哲學和我們的生活連結在一起，並提供了很棒的哲學建議。

——亞馬遜網路書店讀者

獻給PG，永永遠遠

獻給科西嘉島——我們的庇護之地、他原本想長居的地方

C O N T E N T S


啟程　乘風破浪去　011
是海，還是洋？　拒絕被貼標籤　019
馬尾藻海　避免悔恨的陷阱　029
漲潮、退潮　隨遇而安　033
群青色　讓自己的白晝和黑夜都越來越美麗的門道　041
宛如汪洋中的一座島嶼　做自己　049
此處有龍　親近未知　057
海盜和海盜行徑　別人有時對我們的傷害　065
悲憫之錨　懂得避風頭　071
遠離美人魚　對操控者充耳不聞　081
海裡所有的鹽　重新為事物賦予滋味　089
屹立不搖的燈塔　為自己打造堅固可靠的座標　095
魯賓遜漂流記　悠哉才是王道　103

目次

升旗　勇於説出內心感受　111
公海　懂得遠走高飛　117
暈船　走出情傷　123
航海人　做自己人生中的英雄主角　131
海邊　論悠閒之重要　137
恐怖角　敢於發揮想像力　147
白鯨　清楚知道自己要什麼　155
浮冰　接受障礙物　163
游泳　擺脱小我的重力　171
海上的不測風雲　居安思危　177
鯊魚的哲學　拒絕舊習慣　185
致謝　190
助航標識　191

# 啟程

## 乘風破浪去

**喔！有多少船員、多少船長**
**為遙遠的航程欣喜快樂地出發……**

**——雨果〈暗夜海洋〉**

海洋是盛大啟程的地方，人在這個時刻拋下一切，而且不只是拋下陸地；是就此奔向天涯海角，乘風破浪去。冒險呀，精采瘋狂的冒險，就是在海上會經歷到的事，這時已經解掉了各種纜索，拋下了將我們釘在地上的所有固定事物。人凝望著大海，內心不可能不湧起一股欲望：想要出發、想要解放自己。

什麼樣的解放呢？想要跳脫一種有點太平凡的人生，成天只圍繞著三兩個習慣和自動化的刻板行為而打轉。大海呼喚著我們要看得更寬闊、更深遠；大海讓我們為了自己的害羞和太過狹窄的空間，感到有點慚愧了。大海向我們娓娓敘說著遙遠的境地，也邀我們變得更輕盈：不再以沉重步伐行走，而改成優游流動、選擇廣闊浩瀚、偏愛無邊無際。遼闊又宏偉的海洋，廣邀各路大膽好手：出發！彼方！遠方！前去品味未知，前去探索陌生。

因為，大海嚴守著自己的祕密：它深藏著一整個不為人知的天地。它總是瞬息萬變，由一千零一個浪漩所構成，無法捉摸：時時刻刻都在變動，從來不重複，從來不單調乏味，它桀敖不馴。大海既不容被馴服，也不可被殖民：它不允許人在其上定居。人只能謙卑地到此一遊，只能遵循海的潮汐，隨波逐浪順著它的節奏一游。

感到自己很渺小、被比我們更壯麗與強大的東西所載運，倒也不是件壞事。大海為我們上了艱鉅卻有益的一課：我們無法凡事都主宰或規畫。一生中總會遇上意料之外的事，總會有自己不知道的神祕地帶——但我們也能在那裡獲得心醉神迷。畢竟，人生在世，不就是要乘著一分絕不氧化生鏽的自信和樂觀，用最有尊嚴的方式，隨時發揮巧思見招拆招嗎？

大海也是風暴和豪雨、暗礁和船難、驚濤和颶風的所在。大海有可能水花浪沫齊飛，顯得怒不可遏。它是地球上最後的蠻荒地帶，是尚未被征服的最後領地：我們人類呀，在這裡僅是過客，必須學會謙卑，我們在浪濤間僅猶如不堪一擊的玩偶，是水流、西北和西南風[1]的芻狗。

但大海也代表著陽光和假期、貝殼和蝦蟹類，還有遊客絡繹不絕且令人嚮往的海灘。它是自由和渡假的時光，是讓自己的身軀寬衣解帶且迎風吹拂。是浸泡在各種恣意放縱之中，用輕鬆幾下游泳的划水擺脫掉沉重，不再把重力當一回事。我們幸福地流動，在水浪間快樂穿梭，自己的心和鹹鹹大海的巨大之心一起和諧跳動。

簡單一句話，大海，就是人生。而且還不只如此：大海就是人生的意義。大海說明了存在的意義——不論我們是海軍上將，還是一介普通船員。大海毫不停歇地發送課程和建言，給所有懂得聆聽和為了獲取它的哲思而懂得靜靜停留的人。海運行不息，讓我們想起自己日夜流轉的人生；海時時變化，提醒我們，人的命運也是由各種百轉千迴、風勢和潮起潮落所構成。

大海鼓勵我們要親近自己的恐懼，要航向遠方，要細細品味這一生的鹽。它道盡了蛻變幻化的藝術、重新來過的可能性、不為人知的豐富底蘊，以及夏日的光。雖感到恐懼卻仍鼓起勇氣，乘風破浪勇往直前。

而且，要時時刻刻做自己命運的主宰，做自己靈魂的船長。

1 法文為「noroît」（諾華）和「libecciu」（黎貝丘），分別指來自西北和西南（主要吹拂科西嘉島，也吹拂蔚藍海岸和義大利）的風。

且讓我們再停留片刻，

調勻呼息，

像海浪的呼息那樣柔和又寬裕。

這一刻可以持續整整一輩子，

永遠停留在約莫下午四點十五分。

# 是海，還是洋？

## 拒絕被貼標籤

有些龜毛的人很愛在我們用「海」來形容「洋」的時候百般挑剔。彷彿無論如何非要讓同樣有著一波波浪潮，也同樣游著美人魚的地方，變得彼此對立。對於這些字字計較的人，有個巧妙回答或可派上用場：十六世紀的航海家麥哲倫是駕船繞行世界一周的第一人，在他以前，大家都說「海洋」。就這麼簡單。

其實也不盡然，因為後來，貼著大陸的每一片廣大汪洋都被取了名字：太平洋、大西洋、印度洋、南冰洋和北冰洋。「海」一詞則被套用到地中海和它的鄰居身上：黑海、愛琴海、亞得里亞海、第勒尼安海、色雷斯海、克里特海等等。此外還要再加上加勒比海、比較冷也比較不那麼藍的英吉利海峽、紅海、西蘇格蘭海、阿拉伯海、日本海等等。

光是聽這些名字，就足以令人心生嚮往，想前往探險，想親眼一睹所謂的咆哮和尖叫[1]，一睹西北航道[2]，以及那些尚未被征服的海岬。眾所皆知，地球上遍布著上百片海和汪洋，猶如在地圖上勾勒出大大小小的血管，是一套基本又不可或缺的水流循環。各塊大陸彷彿只是從水面探出頭的幾塊土壤，我們各個國家只像是大片水流中的一些小島而已。

那些不肯輕易認輸的龜毛人一定會說，「海」是那些棋盤式的液體大道，讓人類得以互相交流，而「洋」則是以它的遼闊，把人類和各大陸區隔開來。城市和文明都是在海邊立足，古羅馬人甚至把地中海暱稱為「mare nostrum」，意即「我們的海」，彷彿這片海是他們領土的延伸。地中海是已知世界的活躍重心，是貿易往來、探索和發現的起點——也成了戰爭的起點；如今，還成了船難的起點，因為近年來，地中海變成上千難民的斷魂地。

好吧，姑且同意，洋和海之間確實有著大小上的差異：海的確不像洋那麼浩瀚無垠。海的邊際和輪廓是約略可見的。阿拉伯海，又稱阿曼海，是世上最大的一片海，面積近四百萬平方公里，而最小的洋，北冰洋，面積卻占一千四百萬平方公里。海有可能被包圍，或位處內陸，洋則絕對不可能。海具有某種形狀且受一定局限，洋則似乎已把陸地探頭的可能性一概吞噬掉了。洋有著絕美壯麗的遼闊；而海擁有的，不就是限制所帶來的慰藉？

我們是否也該把自己歸入某一個類別？遵照各種標籤，好方便別人把我們分門別類，比如不耐煩的人、平靜的人、害羞的人或毛躁的人？是否別人說我們是怎樣，我們就注定是怎樣？我們甚至真有辦法確定自己一定就是別人所認為的那樣嗎？我們是否該接受自己像標本蝴蝶一樣被釘住呢？被依標籤編排成各種小隊：名字叫朱利昂，一定是個失敗主義者？名字叫芙蘿倫絲，一定是個纖細敏感的人？別人有權把我們分門別類，把我們當成商品或樣品般「行銷」嗎？

沒有。我們必須起身反抗標籤和分類！一定要這樣告訴自己，讓大家都知道：沒有哪個人永遠都只會展現固定的特徵。我們現在是這個模樣，並非永遠都是這樣，我們有蛻變的本領，有更新的天賦。

我們不像物體是靜止不動的，我們是生物，時時刻刻都是動態的：我們可以變成超乎自己所能想像的樣態，變成既有模樣以外的模樣。海或洋，又有什麼差別呢？我纖細敏感嗎？隨我高興。記恨嗎？只有星期四會記恨。我們內心永遠有著能令自己也大吃一驚的部分，足以甩掉別人加諸在我們身上的各種刻板批判。

我們並不只是自己最顯著的那些——好的，不好的，好相處的，或不好相處的——「脾氣」而已。已經說過了，所有這些，都是龜毛的人自己的分門別類。也許所謂的自由，最基本的正是能夠自由自在，不被侷限成一連串組成成分、一系列特質脾氣吧？

有些人會碎碎念說，海比較鹹，也不如洋來得深：地中海深度五千三百公尺；的確無法媲美大西洋的八千五百公尺，或太平洋馬里亞納海溝的一萬一千公尺——簡直是海底的聖母峰。因此海是能夠馴化的一種水域，能用陸地疆界圈圍住。能想像它在豔陽下燦笑，呼吸平緩且無波無瀾。而洋則總是時時有掀起狂風暴雨的威脅，它的滔天巨浪不像呢喃的輕撫，而更像暴怒的耳光。海恬靜而洋暴烈？真是如此嗎？

這種觀點是一種陷阱。海顯得平靜，只為讓我們卸下戒心。人對海那令人昏昏欲睡的緩慢和海的體貼對待信以為真，簡直要把它的靛青水花，誤當成游泳池裡的人工蔚藍了。人很放心去海裡「泡一泡」，去海裡嬉戲。但海最會瞬間翻臉，最會突然來個不測風雲了。它喜歡和預報唱反調，喜歡整一整傲慢的人。

洋比較光明磊落，不會有所隱瞞：洋翻滾著那滾滾浪潮，有危險會預先通知；它那接連相串的潮汐，來來又去去，彷彿是地球的大時鐘，是水域裡的滴答聲。洋道出自己的強大，攤在眼前，讓所有人有目共睹。海呢，則總是用偷襲的：早上還燦爛無聲，下午卻驚濤拍岸。海上的風暴，尤其地中海的風暴，是最駭人的：原以為自己安全無虞，欣賞著那迷人的水流，卻忽然遇上一場雷霆之怒，彷彿它一心只想尋仇。

沒有，並沒有所謂一邊是平靜的海，宛如女子般溫柔婉約，而另一邊是彷彿陽剛十足、孔武有力的洋。絕對不可對海掉以輕心：它有著百變面貌，遇到各種海岸都八面玲瓏。它擅長各種甜言蜜語，以便魅惑人心和保守自己的神祕感，因為沒有任何估算能說得準海接下來會是什麼模樣——是油水，還是浪花。

這便是海和洋一再反覆告訴我們的事：並不是別人說我們是什麼，我們就是什麼，我們也不只是自以為的自己。不論是別人、我們本身、我們的過去，或我們的苦痛，都永遠無法把我們緊鎖在單一一種身分裡。

1 「咆哮四十度、狂暴五十度和尖叫六十度」是比鄰南極大陸的南冰洋上的可怕狂風。數字指的是它們在南半球相對應的緯度。英勇航海好手總是以跨越智利合恩角為傲，因為此舉代表戰勝了這些駭人的狂風。

2 西北航道曾是多支探險隊刻意前往的目的地：透過這裡能從北大西洋通達太平洋和亞洲。

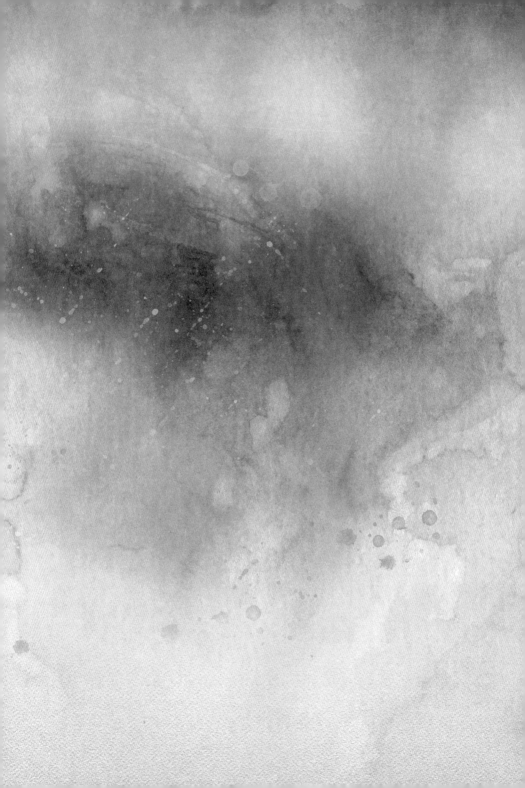

我們時時刻刻都是動態的：

可以變成超乎自己所能想像的樣態，

變成既有模樣以外的模樣。

大海鼓勵我們要親近自己的恐懼，

要航向遠方，

要細細品味這一生的鹽。

# 馬尾藻海
## 避免悔恨的陷阱

地球上所有的海中，有一片海最特別：馬尾藻海。它之所以這麼獨一無二又奇特，是因為它既無邊際，也無風無浪。它簡直和海沾不上邊，更絕對不是洋。是某種海上荒漠，那裡沒有任何東西在動，沒有任何東西在游。它表面布滿了大量大型藻類，這種藻類長得很像八爪魚的觸手——西班牙文的 sargazo 即是「水藻」的意思。當年是哥倫布率先探險涉足此地。他在這一大團來勢洶洶的海藻之中艱難航行，延誤了三個星期，受困在南北美洲之間，成了這灘停滯水域的俘虜。

跑船的人都很畏懼馬尾藻海，這片海靜止不動又毫無生氣，或說幾乎是如此；令人費解的是，鰻魚倒是不惜遠從數千公里外，前來這個奇特的海洋套房度蜜月。為了來這裡，牠們有時甚至可能游上一萬公里。對於所有其他生物，馬尾藻海是個要避而遠之的陷阱。

我們有時也會停滯不前，「駐留了」[1]，沒有風也看不到陸地，喪失了活力和希望。馬尾藻海就是我們人生中的所有悔恨，令我們備感沉重，變得遲緩、窒礙難行、裹足不前，它們就是阻礙航道的所有「當初我應該要」或「當初我實在不該」。整片馬尾藻海都是我們的悔恨，過往行為和錯失的機會就像漁網般困住我們。無法前進，原地踏步，再三回想缺漏和錯過的那些事。這樣不是在設法了解原委，而是在鑽牛角尖。

怎樣才能跳脫出來？怎樣才能排除萬難，找到一條可行的航道呢？怎樣才能別深陷在「要是我早知道……」的泥淖裡，一心一意向前行？畢竟面對任何荒漠，都要來一場橫越，無論如何都要通過。不要一再無謂地回頭。航行，就是選定一條路徑，然後依循它，即使無法篤定所選擇的路徑一定是對的。必須要找到力量把我們的遺憾轉換成行動，把悔恨轉換成肯定：我所做過的那些事，我就是做過了。就算我未能全身而退，曾有過些許迷思，但那就是我走過的路。我要把那一刻，納入我的人生，把那段歧途和犯過的錯，納入我的歷練。

那是我人生的其中一頁，不是什麼敗筆；那是我所經歷過的一個階段，不是荒謬的天外飛來一筆。並不是要自欺欺人或替自己找藉口，而是要把缺漏的橋段納入劇本裡，融入整個故事裡：是的，這種事，我也做過。或許當初不該這麼做，但那終究是我這趟旅程的一部分。那不是我悔恨的總和，不是一灘死水般的遺憾，而是我確實親身走過的一里路。

要順風前進，雖可能犯錯卻仍對自己有信心。並要懂得繞避馬尾藻海的可悲牛角尖。

---

1 法文的 encalminé，意指船因為缺乏風吹，而被迫停滯在原地。

我所做過的那些事，

我就是做過了。

那不是我悔恨的總和，

不是一灘死水般的遺憾，

而是我確實親身走過的路。

# 漲潮、退潮

## 隨遇而安

海和洋恰恰相反的是，海既不消退，也不返漲。海沒有漲潮，也沒有退潮。海並不會總是白晝兩次、夜晚兩次進進退退，如此永不停歇地運行。洋消退後到底去了哪裡，又是在哪裡變得比先前更強大無敵了才返漲呢？坦白說，我們也不清楚，或所知極少，而且內容都很複雜難懂，牽扯到海洋學和天文學，關係著天與地之間、星宿與潮浪之間的種種互相吸引。

月球對地球有吸引力，並藉由重力和星體的提升牽引，把地表的水吸向自己——了不起吧？彷彿海洋也注定要回歸蒼穹天體的國度，回到它當初在某種宇宙懷抱中誕生時的九霄雲外。水面最接近月球時，海水是處於漲潮；退潮時，水面又彷彿不再受月球的力量所吸引。

太陽也會擾動海洋表面。於是輪到地球翩翩起舞，因為，地球自轉之餘，也會帶動地表的水，永世旋轉著。在水、地、空氣和火的這場無盡對話中，風也並未袖手旁觀。因此海洋有它專屬的時間和節奏，就在那潮差[1]和憩流[2]之間，就在那大潮和小潮[3]之間。簡直讓人以為，海洋的水流在遠方消失無蹤後，再也不會回來。但是，海洋總會回來，從無例外。而這每次都讓人既喜悅欣慰又溫暖驚喜：失去的，並非永遠失去。

這就是潮汐無止無盡的往往返返在告訴我們的事。我們這些循著另一種節奏——即無可挽回、一去不復返的節奏——過活的人，看到潮浪如此來來又去去，不妨試著聆聽潮浪在向我們傳遞的真理：人可以從自身找到東山再起的氣力，找到重返舞台的能量。強勢回歸，即使原本以為自己已經無能為力、已經用盡了各種辦法也一樣。

在虧和盈之間、在失去和豐沛之間，各種生命都有自己的潮汐節奏。「大海所給予的，大海會再討回去」，上科西嘉省的俗語是這麼說的——雖然當地其實並沒有潮汐的現象。人生同時既提供又拒絕，既允許又帶走，但，有時也會修復。像這樣總是活在不確定之中，永遠無法全然避開厄運，當然是一種考驗。多麼希望能事先知道我們生命中的潮汐時刻表。該如何面對那些變化、那些滿溢充沛和貧脊匱缺？其中的奧祕就在於，不論所遇到的水位是高是低，都懂得隨遇而安；不論是大潮還是小潮，不論是漲潮還是退潮。

遇到什麼，就迎接什麼。別因為想阻止潮汐而累壞自己，別意圖改變我們無法改變的事，而要以事情發生的模樣，去接受這個模樣。盡力妥善演出自己手上的樂譜，即使整曲交響樂章不是自己所寫的也一樣；即使無法主宰水流，仍要全力以赴去航行。海洋有潮起潮落，人生也有高有低。最好能順勢而為，而不是逆勢而行。身為航海好手，要懂得御風而上，避免受盡風阻。[4]

最後再說一件事。海和洋恰恰相反的是，海並沒有這類前進和後退。海為我們帶來的是另一種體驗。首先，海請我們靜下來，停下狂奔的腳步，讓自己被催眠，被它那輪番而來的潮浪給催眠——宛如一座海洋大鐘，鐘聲敲的不是感傷的歲月流逝，而是永恆。的確，大海在告訴我們，世上真的存在著永恆，而且我們可以跟上它的節奏，只要任由自己隨波逐流，徜徉在大海那無盡的浪褶裡。海的時辰，如果測量它的脈搏，會發現就是無限次重新來過的脈搏。那不是被行事曆、行程和計畫切割得斷斷續續的零碎時間。

且讓我們再停留片刻，調勻呼息，像海浪的呼息那樣柔和又寬裕。這一刻可以持續整整一輩子，永遠停留在約莫下午四點十五分。接著，有另一種感受，溫柔地為我們帶來驚奇。它在胸口心窩安頓下來。它讓人通體舒暢，它源自於水浪的節奏和大海的壯麗。心頭放寬放鬆了，呼吸變得更平穩，也更遼闊。讓人簡直想敞開雙臂，環抱這個世界。一股平靜和諧感，把壓力都鬆綁，把盤根錯節的糾結都解開。讓人有一種滿溢的感覺，覺得人生更豐沛、更飽滿了。

海是一種能充飽和撫慰人心的深呼吸，它能橫向高升。怎麼可能？步步高升，不是山岳高峰的景緻才有的專利嗎？以直向來說，大概的確是這樣吧。又或是如同大教堂的高聳天花板、女高音的詠嘆調，或美好驚喜的興奮雀躍感。可是海呢，它能讓我們見識到橫向的高升，這種啟發會不斷擴大和揚升。

我們所汲汲營營的事顯得多麼土氣，我們的志向又是多麼不敢離開地面呀！大海邀我們看得更高且更廣。未必要好大喜功，未必非要強再更強，但可以多幾分崇高唯美。我們的某部分，可以懷抱壯志。這就是我們讓自己的呼息和大海沆瀣一氣、用這海量富饒盡情迷灌自己時，會學到的事。

1 潮差指海水在最低潮（退潮）和最高潮（漲潮）之間的落差。在法國聖米歇爾山，這個落差達十五公尺。

2 憩流即漲潮、退潮交替，水流方向變換之際，短時間靜止不動的狀態。

3 大潮是滿月和新月時，潮汐最強的時刻；小潮則是上下弦月，潮汐最弱的時刻。

4 受盡風阻的法文是「vent debout」，意指遭到強風迎面吹阻，也就是逆向而行的意思。（別忘了這個詞的發音要像「boute」，意指船首。）

海洋有它專屬的時間和節奏……

原以為水流在遠方消失無蹤後，

再也不會回來。

但是，海洋總會回來，從無例外。

失去的，並非永遠失去。

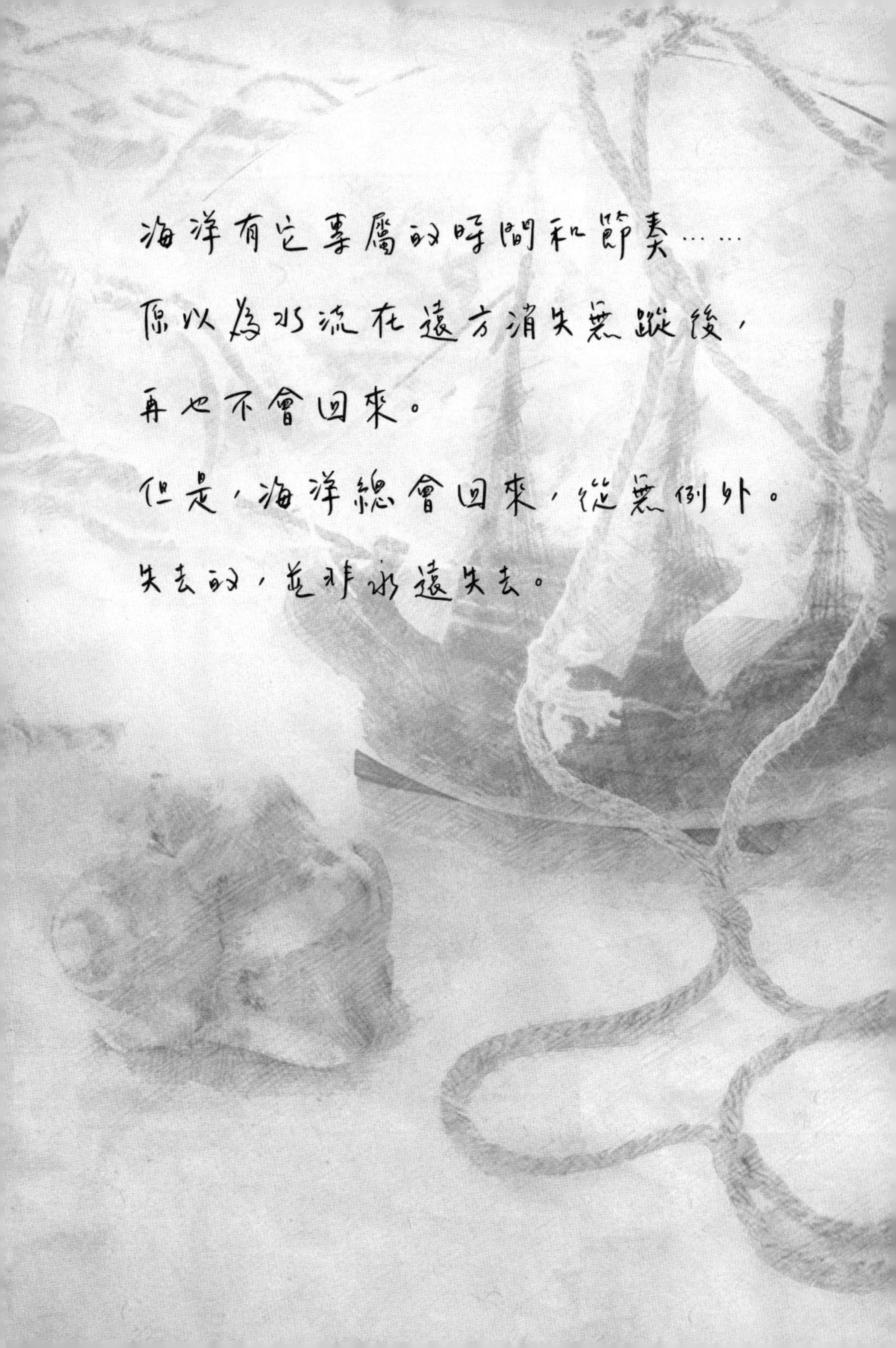

在虧和盈之間、在失去和豐沛之間，

各種生命都有自己的潮汐節奏。

人生同時既提供又拒絕，

既允許又帶走，

但，有時也會修復。

# 群青色

## 讓自己的白晝和黑夜都越來越美麗的門道

海不是一種地景，而是一種浮現。我們無法繞著海走一圈，很難描述海的外觀和輪廓。海不太能夠被探索，它氣勢逼人，深不可測，人不得其門而入。這個不可馴化的藍色軀體，事實上……一點也不是藍色的。它是水，而且盡只是水，就和我們倒入杯子裡的水一樣透明。是我們自己的眼睛只看到藍色。這是一種視覺現象，而非海洋現象。

有時候有人說，海的藍色，其實是天空的藍色，因為海能如鏡子般映出天空的倒影，兩者彷彿在對峙，看誰撐得久。天藍、淺碧藍……海就像一片波光粼粼的天空。天候不佳，雲朵都被染灰時，海便換上此時天際的藍色，那是第一次世界大戰時法國軍服的藍色——不那麼湛藍，而更偏於陰霾色。

可是，倘若如此，該怎麼解釋，躲在洞裡、映不到天空的海，仍是藍色的呢？

因為賦予海這種藍色色澤的，其實是太陽。陽光裡囊括了彩虹的整個色階。但海水反射各種顏色的方式各有不同：海水會吸收波長最長的顏色，亦即紅色、黃色和橙色；接著消失的是綠色。於是只剩下藍色。

顏色的呈現，取決於水底的組成：淺色沙石會呈現出南半球海域式的碧藍色。到了外海，是浮游植物，亦即微型藻類，把海彩繪成土耳其藍色。海的綠寶石光澤，也是拜浮游植物之賜。這些懸浮在水中的微型藻類，會用它們的葉綠素吸收光線中的藍色，這次只剩下綠色存留。這種浮游生物就像一片大草原，對於氧氣的製造不可或缺，餵食著上百種海洋生物。

大海很會吹牛：它的藍色或綠色是用白色變出來的，我們卻渾然不覺。它靠自己的化學組成升級，讓自己大變身。它把陽光玩弄於股掌之間，讓自己變得絢爛耀眼。我們呀，何不也成為自己人生中的藝術家呢？我們何不也讓自己人生的光澤更鮮豔、色彩更繽紛？有什麼理由非得要侷限於單一顏色的灰階呢？倘若讓灰色變得七彩會如何？

人生，是可以越來越美麗的。只求存在，並不足夠：我們要靠自己求豐富，在沒有美感——或不是時時都有美感——的地方增添美感。可以把一個沒什麼了不起的小東西包裝成禮物，可以為今天畫龍點睛，透過一件新學到的事情、一個乍現的美妙靈光、一個上班途中偶然瞥見的小細節、一個從未聽過卻從此記住的詞彙……有各種各樣意想不到的色彩可供揮灑。要為人生繪上藍色：不單單是日復一日過日子，而要渲染彩繪它。

平凡無奇的小事也能改變一切：這就是在單調中增添色彩，這就是制式行事曆中的彩通色票。為那個平淡無奇的九月二十四日、那個諸事不順的十月十二日，或那個麻木無情的六月十一日，賦予它們自己的光彩吧。為平凡事物賦予詩意吧。不該讓夏天和假期壟斷所有讓人耳目一新的事物：該花點時間睜大雙眼，在即使平常工作的日子裡也有新發現。用觀光客的心態來過平常日，殷切找出各種潛在的美好、燦爛的片刻。太理想化？太天真嗎？我們用來塗在日常生活中的藍色，確實更像英文所說的「blues」（鬱鬱寡歡），更像心情上浪潮般的起起伏伏。實在很難在煩惱中吟詩作對、在人生中星期一般的時段創造出什麼神奇魔力。

對，很難。但並不是要刷油漆般全面上色：喜悅的藍色中，也能帶有一點陰沉的哀傷。人能夠重拾幸福的滋味，同時不忘過往悲愴的回憶。最美的一種藍色，不正是群青色嗎？它彷彿曾經穿越過一段黑色，始終保有那分嚴肅凝重，猶如一個不為人知的傷疤。用藍色眼光看待人生，並不是自欺欺人，而是從對人生的熱愛中，汲取能照亮灰濛日子的力量。

大海就是在教我們這種讓事物越來越美麗的門道，大海拒絕中性或黯淡無光的東西。大海從來不會沒有色澤，從來不會沒有光彩。它會把光吸收進來，並加以轉換。一如煉金術士努力把鉛煉成黃金，一如海水把白色幻化成藍色，我們也能試著為自己的生活上色。不是不計代價想抹除陰影，而是慎選哪些才是值得投注心力深思探究的事物。

因為，當中也是存在著那有毒害的紅色、那遭受創傷時的紫青。二〇二〇年春，曾發生一場怪異突變，太平洋在白天變得鮮紅，入夜後又回歸湛藍。美國加州的拉古納海灘因而顯得奇幻無比。但這些紅色潮水一點也不夢幻：它們散發出一股令人無法忍受的硫磺惡臭，是有毒微型藻類雙鞭毛蟲大量增殖所導致。這種藻類遭掠食者攻擊時，會發出一種天然光芒，遠遠就可清楚看見，能吸引其他更強勢的掠食者前來，吃掉原先的掠食者，讓雙鞭毛蟲得以逃過死劫。

二〇一八年八月，在歷經數星期「紅潮」後，美國佛州州長已經宣布進入緊急狀態。超過百噸的海洋動物，包括海豚在內，在無人的海灘擱淺。肇因呢？水溫上升，這和氣候失調、農業工業化及廢棄物處置不當有關。藍藻或綠藻大量增殖也是出於相同原因。罪魁禍首只有一個：人類。這當中有些事是人類對大自然所做的，但也有些事是人類對自己所做的——不公不義和踐踏羞辱的噁心紅色。

輝映光明、看見光明和在最不堪的日子裡守護光明的能力，也應該能用來處理這些汙染。人內心的藍色抑鬱無法徹底退散，但人可以選擇把注意力多放在某些特定色澤上。我們可以拒絕讓自己因為醜陋而喪氣，選擇把機會留給美好，為生活賦予色彩。

為人生繪上藍色，

在單調中增添色彩，

為平凡事物賦予詩意吧。

# 宛如汪洋中的一座島嶼

## 做自己

海是地球上唯一沒有群聚定居的地方之一——我指的是人類的群聚定居。然而仍有少數例外：島嶼。彷彿陸地想扳回一城，跑來侵門踏戶，來這裡享受漂浮的快樂。於是在這裡，在海與天之間，形成了這些一小塊一小塊的大陸，形成了這些對腳踏實地之感覺的回憶。

並不是人人皆能有幸目睹一座島嶼的誕生。不過，二〇一一年，就在紅海中央，有高達三十公尺的熔岩湧泉自海底噴發，冷卻凝固後，在這世界上形成了一塊新土地。所以有些島嶼是根源於火山的烈火，粗暴地——是忌妒？憤怒？——戳破平靜的表面後，掠奪了一小片海洋。

還有些島嶼是誕生於板塊間的碰撞、地殼的推擠，穿破水面，彷佛舉起的拳頭：加勒比海的巴貝多就是這樣崛起的。將來某日或某個世紀，在紅海海域、冰島或夏威夷一帶，說不定就會發生這樣的事，那裡不但有火山在發怒，還有海底山脈互相推擠，亦即有洋脊不斷擴張分裂和噴爆。這是海洋裡的鍛造大廠。

但島嶼還能夠誕生於水面的提升，水讓島嶼孤立於世界之外，成為特立獨行的神祕飛地——就像科西嘉島，脫離歐洲而獨自在海上過活，或是大不列顛，自上一次冰河時期以後就強悍捍衛自己的獨立，又或是漲潮時的聖米歇爾山，如矗立水流中的箭矛，如指向天際的手指。

我們人人都是一座島嶼，不肯順從單一制式化的群眾，都是一座爆發力強大的火山島，經過漫長熟成後，終於成為了自己，都是一座戰鬥力十足的小島，在身經百戰或於一夕之間，在汪洋中找到了立足之地。永遠以自己的獨特性為傲，且清楚覺知自己的獨一無二：人人都是不可取代的。沒有誰和我一樣，我也不是誰的翻版。這就是島嶼魂：叛逆之餘，內心獨立自主、纖細敏感且凶猛剽悍。島嶼既不屬於陸地，也不屬於海洋；它有自己的天命，有點像兩者兼具。

島嶼有時甚至頑固得無論如何也不肯被征服：南太平洋上，距離南極大約四百五十公里處的彼得一世島就是這樣。這座島上沒有任何居民；它是一塊黑白色相間的陸地，由冰雪峭崖和火山岩壁所構成。島長三十公里，寬十公里，四周由浮冰所包圍，除了南半球夏季的少數短暫時期以外，幾乎無法登島。聽起來很不可思議，但就連我們對月球的了解，都比彼得一世島來得多！——前者的登陸次數還多過後者呢。島上最高峰是拉斯克里斯滕森峰，至今無人攻頂。直到一九三〇年代以前，試圖標示這座島的地圖都只能概略標示，甚至是標示錯誤。每年一月份，正是南半球最熱的時節，島上溫度也不超過攝氏一度，即使這裡仍不免受到氣候暖化的侵擾也一樣。

彼得一世島於一八二一年首度被人發現，發現者是一位俄羅斯船長，他用他沙皇的名號為它命名。挪威人歐拉・歐斯達於一九二九年才好不容易登島，比他早幾年的法國極地探險家榮巴狄斯特・夏爾柯則未能登島成功。二〇一〇年，法國人伊莎貝兒・歐蒂謝又重返此地。這座島頑強抵抗，不肯被任何人收服；它只為了自己而存在，是地球上僅存未曾被人類探索的地帶之一，高傲而漠然地屹立在南極海中央。

每一座島嶼都像一種自我宣示，就是矗立在水中央不可動搖的一個存在。我就是我。是一種多此一舉的贅述嗎？不是：這是一種宣言。是一種自我宣示，要說是一種「彼得一世島情結」也可以：一如這座島嶼無法被歸入任何類別，我必須獨力完成「做自己」這個艱難卻光榮的任務，無法假手他人。人大可忍不住想模仿別人，羨慕比自己帥的隔壁男生，或比自己年輕的隔壁女生。人也大可自甘於一個借用來的身分，或是設法去符合一個自己想呈現給別人看的形象，或別人要求我們表現出的形象。

這些事，人都大可去做，但我們終究是島民，是絕無僅有的款式，是獨一無二的樣品。必須找回藏在偽裝背後的島嶼魂，拋開一切不是我的「我」。這是必須主動探尋的，不是靠往往只是盲從的勉強標新立異，而是靠用心關注自己的獨特性：到底是什麼讓我之所以是我？我的喜好、我的厭惡、我獨有的想法、別人無法奪走的我的回憶、我的淚水和傷痕、有時被我背叛的自己的夢想？還是我的行為、我的承諾和我伸手釋出的善意，造就了今天的我？以上皆是。

然而我們有太多時候沒有在做自己，太多時候迷失在不像是屬於我們的職業或羈絆裡、感情或悲傷裡。浪費了太多時間勉強遷就、削足適履。我們說出的句子，有多少只是在重複——在我們之前，或在我們圈子或網絡裡的——別人早已說過的話？我們做出的決定，有多少是因為貪圖一時方便，或因為不敢面對？有多少的讓步妥協、委曲求全或約定俗成？

我們必須像全地球上三萬多座島嶼為自己命名一樣，用心地耕耘自己的獨特性。讓我們來聽聽這些遺世獨立之地所吟唱的禱歌，看看這份獨樹一格之輩的名單：天空島、法蘭許嘉韓島、海盜島、蛇島、海上美麗島、安蒂德波斯群島、科孚島、基督山島、有何不可島、難以形容島或欺騙島、阿德萊德島……[1]

要當一座島嶼，遠離大陸，不像陸地而更像火山，而且保守神聖的火光。自己的火光。別屈服，別模仿。別急著攀附多數，或甚至少數。要懷著興趣多方了解、交流、分享，同時又不削足適履、不人云亦云，也不淪為附庸。只以自己為一國，徜徉海上，無拘無束。

1 譯註：世間島嶼眾多，譯名也難免分歧，為避免讀者在茫茫譯海中迷途，以下為充當航行座標的法文島名及其所在地：île de Skye 天空島（蘇格蘭），île de Franche Garenne 法蘭許嘉韓島（比利時），île aux Corsaires 海盜島（比利時），île aux Serpents 蛇島（模里西斯），Belle-Île-en-Mer 海上美麗島（法國），îles des Antipodes 安蒂德波斯群島（紐西蘭），Corfou 科孚島（希臘），Montecristo 基督山（義大利），île Pourquoi-Pas 有何不可島（南極），île Inexpressible 難以形容島（南極），île de la Déception 欺騙島（南極），île Adélaïde 阿德萊德島（南極）。

人人都是一座島嶼，
經過漫長熟成後，
終於成為了自己，
在汪洋中找到了立足之地。

# 此處有龍

## 親近未知

海的終點就是妖魔鬼怪領地的起點。拉丁文Hic sunt dracones的意思是「此處有龍」。這句警語最早發現於一五一〇年的一張航海圖上，它就寫在東南亞海岸一帶。地圖的角落繪有形形色色的怪物和幻獸，用來代表拉丁文所謂的terrae incognitae，即「未知地帶」與尚未探索過的海域。世界和海洋在這裡劃下句點，地圖繪製師們也就此沉默不語，這裡就是所有世界地圖上那令人聞風色變的盡頭。

於是由想像力接棒：與其在早期世界地圖和波特蘭海圖[1]上留下一片片空白，人用怪物——即以真實且已知的動物為藍圖發想出的幻獸——來填滿空缺。問題從來就不在於相信地球到底是平的，還是圓的；早在伽利略和教會間的恩怨糾葛以前，人就已經知道地球並不像舞廳大會堂那樣平坦。但當時的人還不知道——至少直到一五二〇年代，經麥哲倫證實以前——其實可以經由海洋，藉由大西洋到太平洋，環繞世界一周。

於是，在還沒能夠完成這項環遊自家土地一圈的創舉之前，人只好先用龍來填補空白：人假定在已知地帶之外，應該存在著尚未被發現但應該確有其地的地方。人便用恐懼來填補無知：只要是不了解的事，就令人畏懼。但我們也不得不佩服這種手法和伎倆：海怪有一種商業上的好處。的確，有什麼比這些奇形怪狀的妖獸，更適合拿來嚇唬競爭的同業，遏阻他們跑來瓜分我們想獨吞的漁獲寶藏呢？

只剩下大海這個龍潭虎穴了，這種畏懼的觀念長久以來早已根深柢固。荷馬在他的《奧德賽》中，所描述的能吞噬並洩吐海水的卡律布狄斯、有著六顆頭及十六隻腳的斯庫拉等海妖，八成只不過是礁岩和龍捲風。一些被描繪成色澤烏黑發亮的小島，其實是鯨魚，只不過當時還沒有任何人類親眼見過鯨魚。那些阻擋船隻去路的海怪，也很可能只是數量特別龐大的鮪魚魚群。

航海圖上奇幻妖怪最多的是一位瑞典人的航海圖，而瑞典人的祖先維京人正是航海大王：這裡說的是一五三〇年左右，繪製了《海圖》（Carta marina）的烏勞斯・馬格努斯。他這張圖上有一些會吃人的龍蝦，更有一條有著尖銳利齒和火紅眼睛的蛇龍，名為克拉肯（Kraken）。

今日認為，那應該是巨型烏賊，牠們身長可達十三公尺，總體重近三百公斤。其他海怪和海龍，很可能其實是長鬚鯨、海象、象鼻海豹或獨角鯨[2]。就連率先把地球的球型表面投射成平面地圖、人稱麥卡托的吉賀・克萊莫，也毫不猶豫在科學中增添傳奇色彩，他繪製了多達十一隻怪物，其中一隻外形與馬相似，在祕魯沿海悠游。

大自然最討厭空無，而我們最討厭未知。我們用恐懼和危險來填滿未知。然而，在航行探索自己最私密的內心深處時，我們卻必須學習去接受各種可能的發現、勇闖尚未探索過的地帶、遠離既有成規。不然恐怕會安於現成的想法和陳腔濫調的見解，使自己被侷限在一個片面而毫無驚奇的世界裡。

若說有什麼天賦本領能引領人開疆闢土，那非好奇心莫屬。是它促使我們拒絕老調重彈和食古不化。是它鼓勵我們遠離那些太多人走過的路，勇敢迎向未知地帶，也許還在那裡遇上惡龍——但也可能遇上妙不可言的好事。人太常只走最安全、安逸的路，只行走在已經被很多人踏遍的區域。人重複說著自己早就學會的句子，反覆做很久以前就已經熟悉的事。法文順口溜所說的「Métro, boulot, dodo」（意即每天就只有搭地鐵、去上班和回家睡覺），有時候並不是地鐵也不是工作的錯，而是我們自己的錯：是我們自甘於重複過往，而不再探索新意，我們的看法被絕望地喊停、打壓了。

人反而應該要強迫自己出發探險，讓自己增廣見聞。試著用不同的角度看事情，去遙遠彼方——去我們從來沒去過的地方。不是要讓自己的觀點感到舒適，而是要感到不安，要衝擊我們的偏見，注入動能。光靠嘴巴說，太容易就能有答案和定論，十八般兵器似的高見，雖能保護我們，卻也封閉了我們。如果就從先承認自己不知道開始呢？就從說自己會再想想開始呢？說不定就此發現另一個世界，超越現有那些令人安心的證據。知識不該終結好奇心，而該讓好奇心更加旺盛。人懂的越多，就明白的越少，亦即越會想要進一步探索。

人可以練習每天都前往自己地圖上的一個新地帶，努力別滯留在相同的水域裡，而是蒐集全新未見、從未想過的事。別甘於現成的答案，而要拓展自己的調查範圍。唯有先接受自己不知道答案，才能有所學習。唯有承認自己原先的無知，才能得知。就是因為曾經面對未知與各種惡龍，我們的信念才彌足珍貴。

1 波特蘭海圖為手繪的文件和圖表，資訊來源是十三至十六世紀間的船員，尤其是義大利的熱那亞人和威尼斯人。上面詳載了各地港口和海岸線位置，對航海極有助益。

2 獨角鯨堪稱海中獨角獸，活動於嚴峻寒冷的海域，具有一根長牙，即長角，身形有時可長達三公尺。這根長角算是牠的一種雷達，因為它內含有上百萬神經細胞。

海的時辰，

是無限次重新來過的脈搏，

而不是被行事曆、行程和計畫

切割得斷斷續續的零碎時間。

# 海盜和海盜行徑

## 別人有時對我們的傷害

不論叫做海寇、水匪、海盜或私掠者，他們是海上的無冕之皇。他們四處追逐寶藏，發動搶奪和砲擊，強行登船和洗劫。德瑞克、蘇庫夫、紅鬍子和黑鬍子、瑪莉．瑞德或安妮．邦妮[1]：在好的壞人或壞的好人的形象——如虎克船長或《神鬼奇航》裡的傑克船長——背後，其實藏著一些好戰之徒，為非作歹多過善行義舉。

自航海存在以來，就存在著海盜。他們的專長：搶劫和勒贖。自古代起，他們就搶奪所有可搶奪的東西，不管來源地，也不顧國籍。海盜的心中既沒有上帝，也沒有主人。他只崇敬那黑色的海盜旗。至於私掠者呢，他是海上的軍人，是傭兵。他仗著全權授權，即君王的「私掠許可證」，四處攻打與自己國家作對的敵人。但每個私掠者都有一顆海盜的心，亦即都是目無法紀的人。

我們自童年起，都對海盜懷抱浪漫幻想。快樂大喊「上船！」，就像在吶喊自由一般。海盜宛如海上的俠盜羅賓漢。他們彷彿能為這個充滿律令和規範的世界，上一堂關於獨立自主的課題：不是相傳他們在十七世紀末，曾在馬達加斯加建立「利伯塔利亞」（Libertalia），一個嚴禁「嚴禁」的營寨嗎？

現實生活中又是另一回事了：他們唯一的目標，就是掠奪，唯利是圖。他們只奉金銀財寶為圭臬。他們憤世嫉俗又貪得無厭，和影集裡那些戴著獨眼眼罩、腿上裝著木頭義肢、肩上有隻鸚鵡的海盜天差地遠。他們令人不寒而慄。他們船上的旗幟就是警告。那紅色旗幡在說：「快乖乖就範，不然格殺勿論，血濺當場。」

一般大概會以為，海盜已經從我們如今的海域裡消聲匿跡。事實不然。二十一世紀的海盜出沒於索馬利亞海岸或東南亞的航道上，靠近麻六甲海峽一帶。他們的行搶目標，除了貨櫃船、貨輪，也包括休閒遊艇。如今他們多見於西非的幾內亞灣，專挑石油平台下手。

但也有一種海盜不會報上自己的名號，不會嘴裡叼著匕首，霸道橫行在船隻甲板上。他們遊走在法規邊緣，滲透到辦公室裡，玷汙著體制機構：這種海盜就是未受懲處的暴力作為，就是四海皆頌唱的「只要沒被抓到，就肆無忌憚」之歌。

原本以為自己高枕無憂，可是忽然間，卻成了無法無天之徒的待宰羔羊，不論陸地上或海上都可見到他們肆虐。這些勒索搶劫我們的人，以怨恨為行事動機，只會貶低和侮辱別人。但還不是只有他們而已。最惡劣的海盜，是那些以懦弱為日常的人，就這樣放任不公不義之事擴散下去，對事情輕描淡寫，以藉口搪塞：「我不知情」「那我也沒辦法」「那我管不著」……所有這些很方便的「我沒看到、沒聽到、沒能知道」，讓惡得以四處蔓延。那些持宿命論的幫凶，宣稱事情無法改變，宣稱強者恆強，宣稱只要在事發的時候卑躬屈膝或假裝視而不見就沒事。

有些暴力作為並不會發出聲音：它們只需要一片沉默、一點點妥協——哎，這也沒什麼大不了嘛——和很多的漠視。然而，行善的重點是讓惡退縮，把惡如實描述出來，甚至可能的話，把惡揭發出來。有誰不曾被衣冠楚楚的海盜搶劫勒索過，譬如假公濟私的主管，或笑裡藏刀、心機用盡的同事？

彌補之道：最大的不公不義，莫過於未受懲處的不公不義。最令人無法接受的罪人，莫過於自以為理直氣壯的罪人。要勇敢大聲且公開地要求彌補，而且千萬別覺得事情也有一部分要怪自己，別覺得自己多少也難辭其咎。暴力既沒有藉口，也沒有理由：它就是法理所不容。假如非得要透過怒吼才能取得和平及正義，有何不可呢？假如非得要透過揭發，才能踏上司法途徑，有何不可呢？

海盜當初也是挾著兵械武器作惡，而他們的掠奪和勒贖是要治罪的。既然海洋法中有「海上登臨檢查」[2]的法條，人權之中也理應有檢查不當言行的權力：要能揭發惡行，既不容妥協，也沒有追溯期已過的問題。這不是要獵巫，而是要凸顯三不管地帶的存在，即海盜橫行霸道的所在。「讓言論自由」，並不是要大肆復仇，不是要無限上綱；而是要還原真相。人總不能連續當兩次受害者：既遭受不公不義，又罰自己緘口不言。人不該被逼得告訴自己，沉默是自己唯一能做的事。

---

1 譯註：依序為英國私掠船長 Francis Drake（1540 左右 –1596）、法國私掠船長 Robert Surcouf（1773–1827）、奧圖曼海盜 Barberousse（1476 左右 –1546）、英國海盜 Barbe Noire（1680 左右 –1718）、英國海盜 Mary Read（1685–1721）、愛爾蘭海盜 Anne Bonny（1697–1721）。

2 在海上攔檢船隻，檢查該船的貨物、目的地及衛生情形。

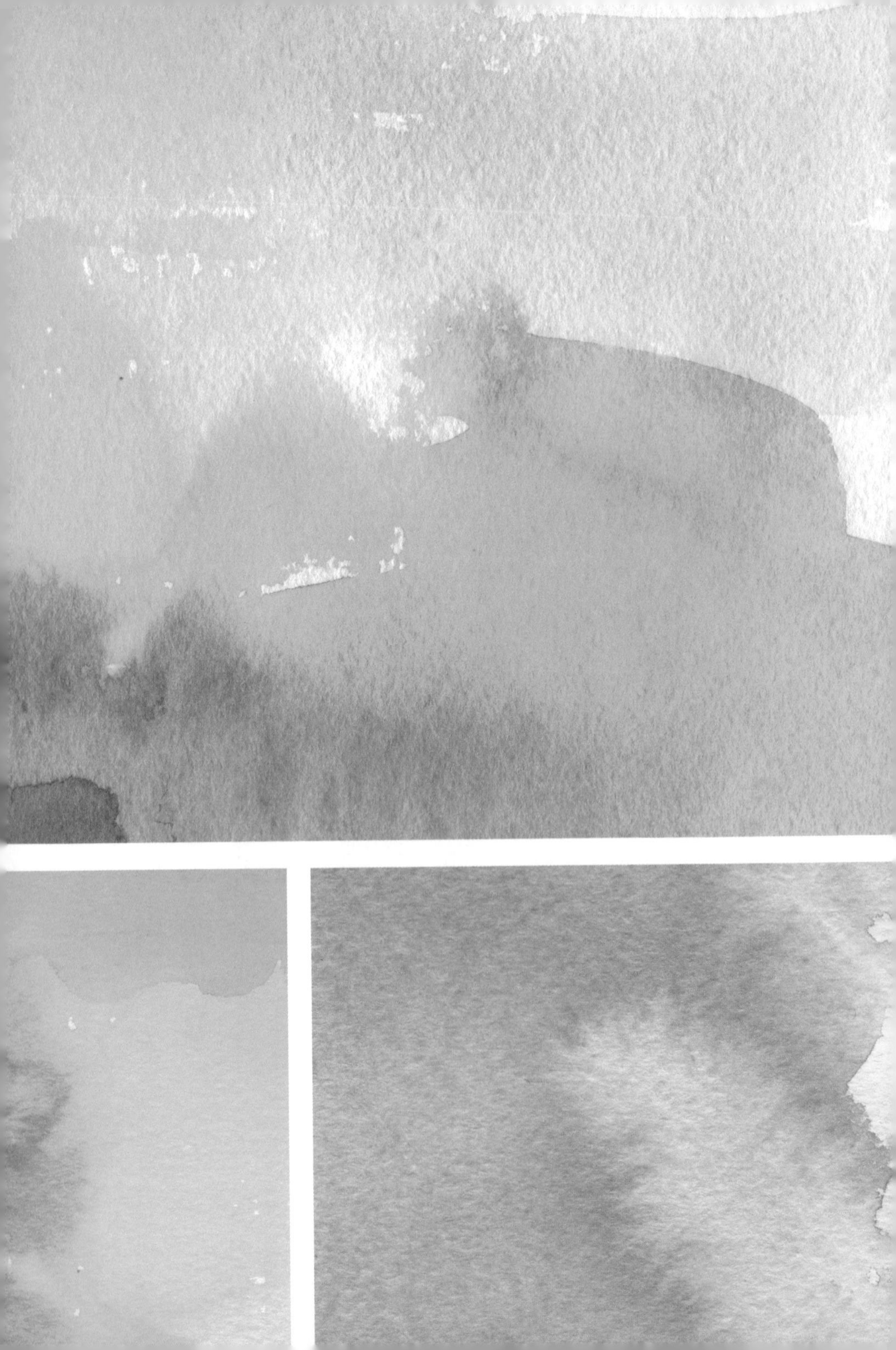

# 悲憫之錨

## 懂得避風頭

一艘船上，字面原意為「悲憫之錨」（ancre de miséricorde）的備用大錨，是最終的救命靈丹。它也被稱為「神聖大錨」或「救命大錨」，是船上最重且最大的錨。遇上生死關頭、捲入最駭人恐怖的風暴時，人總是把最後希望寄託在它身上。

我們人人都有自己的備用大錨，它能安撫人心，能在狂風大作時帶來片刻寧靜。是它能讓人稍微喘口氣，讓人感到獲得悲憫，亦即獲得赦免。在希伯來聖經的前五部經典《妥拉》中，悲憫一詞是rehem，意味的是上帝的心、祂對凡人的慈愛和溫暖，以及祂會寬恕和撫慰。對於最早的一群基督徒而言，船錨就這麼成為一種象徵，一種感恩的符號。它是強而有力的保證，是看似大勢已去之際，仍堅決不屈服的東西，也是希望的徵兆。這份信心，縱使再脆弱，縱使受盡摧殘，仍讓人得以毅然決然繼續前進。

是什麼能重新帶來希望，讓人如服下定心丸？該去哪裡找自己的救命之錨，靠它擊退氣餒？這個號稱能讓人停止憂慮、能在看似無力回天時帶來安定感的終極大錨，到底在哪裡？此外，人真的認得出這個神聖大錨，懂得在該求救的時候不刻意拖延嗎？

為此，必須先願意請求 mercy，這個字是古法文，正是悲憫、赦免之意。由於最能夠服務自己的人是自己，因此人必須先反過來面對自己，並要能堅定對自己說：「到此為止。」

要懂得讓某個處境告一段落，要懂得抬起頭來，別在某段關係中、某個職位上、某個說詞裡徒勞無功地苦苦執著。怎樣才能做到呢？要找到自己的定錨，免得被浪潮沖來捲去、被水流帶著走。懂得認出定錨，將攸關生死，這麼說一點也不誇張，因為它既能救命，也能注入活力，它能讓我們重掌人生的船舵，並重新貫徹自己的意志和決定。

如何重拾自己原本所有的本領？如何避免掉進巨大漩渦[1]，避免沉入大海的黑洞[2]裡？是什麼導致我們迷航了？導因和觸發因子有哪些？未能獲得正視認可，覺得自己從來沒得到過真正的關愛，從來沒被感謝過、傾聽過，還是從來就不夠資格？總是那四、五個相同的觸發因子，勾出一些相同的情緒、相同的慌亂。究竟有什麼定錨，有什麼解藥呢？到底該沉默以對，等怒氣自行消退，還是反而要努力大聲說「不」？到底要捍衛自己，還是放棄做無謂爭鬥？要多體恤諒解別人，還是要伸張自己的觀點呢？

悲憫之錨，理應要讓人能終止那些一再重複上演的劇本、終止那些自動化的刻板行為、那些事後令人懊悔不已當下卻克制不住的本能反應。這個錨，就是人對自己喊「停」，就是拒絕再當自己的受害者，拒絕再當自己恐懼和舊創傷的受害者，不再反覆挖開傷疤。是獲得心靈上的平靜，盡一切努力不再讓自己滅頂。

一定會有人不以為然，會說比起平靜、溫和及謹守分際，總還有更好的東西吧。為何不選擇飛快和急切呢？因為，如此一來，我們就會變得仰賴那些取悅並吸引了自己的事物；萬一這些快樂的來源頓時短缺了，我們就會無所適從，彷彿被遺棄、遇上船難了。平靜反而能確保一種獨立的狀態：它的基礎不是某種自己以外的事物，而是自己做主的能力、駕馭自身這艘船艦的能力。是定錨讓人得以泰然自若，而不是驚慌失措，讓人不致招架不住那些超出自己負荷或強加在我們身上的事、那些我們拚命想討回或渴望改變的事。

平靜既不是麻木不仁，也不是被動消極；它是不淪為自己情緒的受害者，而情緒中最具破壞力的，或許是憤恨、嗔怒和羨慕。平靜並不是軟弱；它和自信殊途同歸，能讓人明辨什麼是自己可以爭取的、什麼是自己無法得到的。它讓人不會只仰望別人來正視、認可我們的價值。

最折磨我的人太常是自己，願我能成為解放自己的人……也就是擁有悲憫之錨：避開強勁的風頭，即「下錨」——不是用「拋」的，因為這個動作非常需要小心翼翼，不可隨便用丟的。

下定決心，把太常耗損我且令我無謂擔憂的事都喊停，把分散我力量、浪費我才華的事都終止。這個把我緊緊繫在自己身上的神聖之錨，反而也能帶給我最重要的自由，那就是不論遇上什麼樣的水流，都能全然屬於自己的自由。

1 巨大漩渦即 Maelström，是挪威沿岸外海一種漩渦的名稱。這個單字源自荷蘭文，由 malen（旋轉），和 strøm（水流，亦即英文的 stream）所結合而成。

2 根據某些科學家所言，海洋裡也存在著等同於外太空黑洞的結構。這種海底黑洞的質量極為巨大，能把周遭所有東西都吸進去，包括光線在內。海洋裡的這種漩渦，直徑可寬達兩百公里。沒有任何粒子能從中脫離，注定要在那裡面無止盡旋轉。

要時時刻刻做自己命運的主宰、
做自己靈魂的船長。

## 遠離美人魚

## 對操控者充耳不聞

華特．迪士尼欺騙了我們，在他之前的丹麥童話故事作家安徒生也是：兩人都把人魚描述成深情款款的女性，什麼都甘願做，心甘情願地否定自己、犧牲自己的長生不老，只為下嫁給凡人。這又是一個家喻戶曉的白馬王子與公主的童話故事版本，公主必然很美麗動人，而且多少睡意濃厚，直到王子來印上救贖的一吻，她才甦醒過來。就這樣，小美人魚成了海洋版浪漫愛情故事的女主角，她的天賦和志向，基本上就是為愛痴狂。

其實一點也不是這樣。

首先要知道，希臘神話中的人魚，原本是些妖怪，出沒於西西里島一帶。而且，這種妖怪，其實是半人……半鳥！——並不是魚。她們既沒有尾巴，也沒有魚鱗，而是有爪子和翅膀。她們善於操控人心，會用音樂和歌聲迷惑不慎進入該海域的水手，讓他們的船撞上礁岩，粉碎沉沒。她們就能把這些人通通吞下肚，大快朵頤一番。

我們呀，一樣也被浮華外表和巧言令色玩弄於股掌之間。我們毫不猶豫也毫不顧忌地悶著頭，附和一些只是鏗鏘有力卻沒什麼道理的說法。我們深深著迷於……虛假、偽造、浮誇的事物。真實、經過深思熟慮且千錘百鍊熟成的事，令我們感到無聊。我們輕易傾心於人魚那悅耳的旋律、輕鬆的曲調，儘管其中並無真理可言。最吸引我們的，莫過於斷章取義、信口開河和一概而論。查核、斟酌、思辯，實在不誘人。就這樣，我們總是在當別人的合聲人魚，一起大合唱著「差不多」之歌。

有這麼嚴重嗎？又不是凡事都能事先知道並詳加查核。人總可以「交流」，總可以有自己的意見，並表達這個意見吧。但真的知道這些以操弄維生的人魚是哪裡來的嗎？且讓我們追溯談談古希臘人和他們的神話，這些神話往往深具啟發性：妖精波瑟芬妮遭黑帝斯擄走，黑帝斯是塔爾塔羅斯地獄的主宰，是陰府冥王。波瑟芬妮的母親是大地女神狄蜜特，狄蜜特遷怒人魚，怪罪人魚袖手旁觀，沒營救她的女兒，於是把人魚通通變成妖怪。人魚只准待在偏遠地方，遠離凡人世界。從此以後，人魚便用歌聲頌揚冥王，在海上奪命和引發船難。

將錯就錯且道聽塗說，寧可選擇訛謬而不選擇事實，實在是製造地獄，十足的煉獄。這樣是在這世上增添黑暗，也增添伴隨黑暗而來的事：恐懼、拒絕思考和傾聽、侵略性、怨恨。這樣是讓自己變得依賴滿口花言巧語、只會喊空洞口號的人，也依賴其他顛倒是非的人。實際上就是為思考套上桎梏鎖鏈，並活在混亂困惑中。

哥倫布宣稱，曾在伊斯帕尼奧拉島的海灣，也就是現今的海地和多明尼加共和國之間，見過三尾人魚。他把這件事，詳細記載在他航海日誌的一四九三年一月八日這一天。根據事後考查，他見到的其實是海牛，一種體型巨大的海洋哺乳類動物，牠有著魚一樣的尾巴。原來這就是傳說中的人魚：沒有或幾乎沒有思考能力的笨重哺乳類動物。體型臃腫，其實卻是虛胖，滿是謬誤。

但危險依然存在：即使漫遊在平靜的水域，也不是萬無一失，我們難保不被甜言蜜語所魅惑。因為，不得不承認：真相，往往令人失望、不自在、尷尬或傷心；人鮮少對它著迷。它不夠戲劇性、不夠精采絕倫——不夠好萊塢。真相是把事情直截了當告訴我們，我們卻希望事情能更曲折離奇。真相直接又坦白，往往能夠把我們放回自己原本的位置，我們卻想要一種更恭維、更受捧的感覺。真相沒有華麗詞藻，而且絕不讓步：它不會聽信武斷的說法和倉促的結論。

可是呀，虛假是會傳染的；它傳播得比真實更快速得多。它會蔓延、複製，滲入人的思想和言論裡。人就是這樣才人云亦云、拾人牙慧，撿用時下流行的想法再照本宣科，這實在是思想上的汙染和蓄意讓自己中毒。

如何辨識虛假？從它頑固的教條心態來辨識：冥頑不靈的心智不會持疑，只會狠批；它不反省自己，而是自認無所不知。它不思考，而是自以為什麼都瞭若指掌。但來來去去且看似強勢的那些見解，大可顯得秀色可餐，卻無法滋養心靈：那只是耳邊的風言風語，是傳來傳去的八卦。這種時候的人是隨波逐流，順水飄蕩，毫不掙扎抵抗。

危險的誘惑就是這樣變本加厲：因為人懶得思考，因為腦袋怠惰。想要聰明，反而得在採納之前，再三省思；在抨擊之前，要深入探究。必須當心那些自稱無所不知的人：他們的資訊往往是撿現成的，他們的知識往往是二手的。沒有誰比自稱「懷疑論者」的人更盲從、更附和的了：因為他們的資訊來源都是去其他地方——從虛假的網路上、不實的網絡裡——找來的。

必須持之以恆且毫不妥協地對抗人魚。值得推薦的方法，可以是尤利西斯推薦給他水手們的那帖良方：摀住耳朵，關閉艙口。別妥協，一點也別去管時下的潮流和現成的見解。再不然，可以選擇像尤利西斯一樣堅定，讓自己在一片花言巧語中，仍保有自主判斷的能力，學他一樣，把自己牢牢綁在自己船的桅杆上，免得被天花亂墜的言詞所魅惑。

要接收資訊？沒錯。要知道別人都在聊些什麼？一定要的。聽聽內容？有何不可。但重點是要秉持保留態度，要內斂。別太快和人魚打成一片、齊聲歡唱。要繼續堅守真理，就算它比較乏味也一樣。因為其實，很有可能，愚庸之人也並沒有那麼快樂。

遇到什麼，就迎接什麼。

別因為想阻止潮汐而累壞自己，

即使無法主宰水流，

仍要全力以赴去航行。

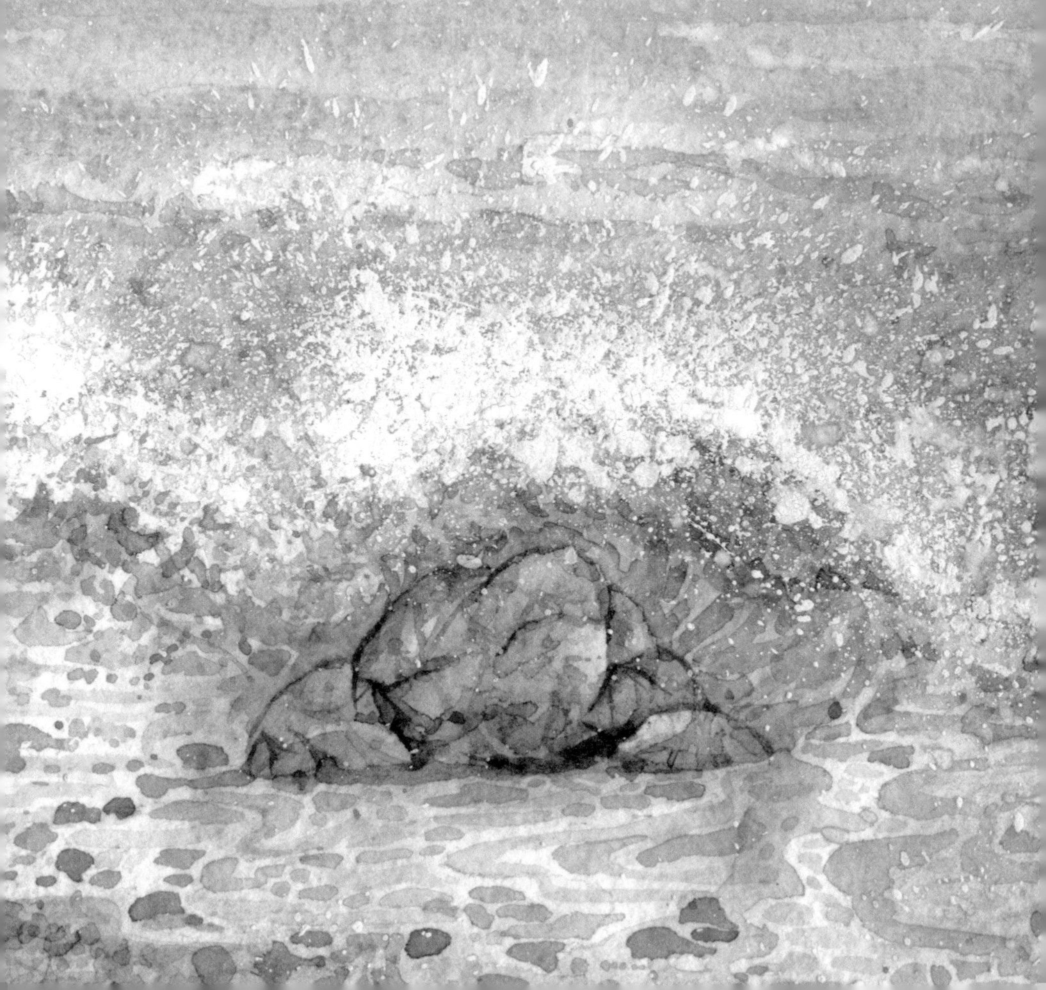

# 海裡所有的鹽

## 重新為事物賦予滋味

海水不可飲用，但海水中的鹽——更確切來說，是氯、碘、硫酸鹽和鎂——卻是一種讓一切就此不同的調味料。海水平均每公升含三十四・五公克的鹽，紀錄最高的是死海，含鹽量達四十一公克。這種鹹鹹的味道，早在四十多億年前地球剛誕生、天地初開時就已經存在。

當時，火山多到不可計數，時時噴發著水蒸氣和天然氣、氯和硫——可想而知，當時的大氣味道十分特別。之後，也就是過了差不多幾千萬年，在海洋形成時，這個氣味濃烈的混合物質，掉入並溶入了水中。大海就這麼變成鹹的。自此，海就一直是鹹的，將來也都會是鹹的。

對我們來說，隨著時間流轉，事情往往反而漸漸流失那醇鹹滋味。

但這是因為我們品味事情的能力變遲鈍了，就像身上噴了香水，久了便聞不到一樣。據說，人不論對什麼事都會漸漸習以為常，就連對美感，乃至對幸福都是。唯有失去了以後，人才會懊悔地發現當初有多麼美好。人究竟為什麼到最後總會變得忽視自己所喜歡的事呢？當初的喜愛為什麼不見了？是不是因為我們變了，導致喜好也無可避免跟著改變？還是我們喪失了珍惜的能力，無法再從各種事物中找回當初讓自己愛上它的那醇鹹滋味？

並不是我們喜新厭舊或總是不知滿足，而是我們的欲望累了，變得像無精打采的星期一那樣欲振乏力：這個東西來一點，不過換成那個好像也不賴？這真是我要的嗎？皮埃安東尼嗎？何不換成榮克勞德？我到底該走人，還是該留下來？原本可以更深入探討和欣賞的事，人卻只停留在它的表面。人的某種漠然，使它變得索然無味了。我們的欲望逐一滅頂，只被滿足了一半，另一半遭到背叛了。

事實上，我們喪失的是萌生渴望的能力，還有對自己擁有的事物抱持渴望的能力。能夠住在這個地段？是啦，我知道，很不錯。能夠認識方索瓦？對，很幸運，這我也知道。有一種悲劇是再也無欲無求，叫做憂鬱；但也有另一種不幸，是不再想要也看不到自己所擁有的東西。這麼一來，不是事物失去了滋味，而是我們自己對事物失去興致。

必須重新找回鹽的刻骨滋味。要耕耘這種能改變一切、能賦予滋味的結晶顆粒。不是要增加快樂的種類，而是要讓自己既有的快樂能有充足的時間好好發揮。因為，萌生渴望並不是消耗。渴望並不是要耗盡、掏空所渴望的對象——吃完、喝完、看完，就結束了——而是要持續欣賞它。如果不能這樣，那麼生活中的時光和人，就會失去他們的特殊性、他們的豐富性：匆匆欣賞，也匆匆遺忘。

欲望永遠不該有結束的時候。盡情享受已經得到的美好，就和替未來的需求預作準備一樣至關重要。倘若失去這些美好後，才體認到它們很重要，只會徒留一片空虛。

目的不是要不計代價只求重口味、不知節制。不是要大肆狂歡，也不是要酒池肉林，而是要專注於當下：一種不言而喻的默契、老朋友間的溫馨、一段令人耳目一新的交談、一句稱讚，那是真正有活在當下的醇鹹滋味，在濃淡上完美均衡。因為，太鹹會令人脫水，不夠鹹又會沒有力氣。看起來全都大同小異。棄之可惜，但也食之無味。彷彿人生只剩下單一維度，沒什麼好多說了。彷彿人生能給的都已經給盡了。

並不是人生中凡事都美味無比，一點也不是的。但人生中有些時刻妙不可言，彷彿這個世界在告訴我們一個祕密，在向我們吐露它的奧妙，想必是幸福的奧祕，或某種類似事物的奧祕。是這類時刻讓回憶變得鮮豔繽紛；遇到眼前灰濛濛一片時，我們就是要回到這種時刻汲取力量。

這種妙不可言的時刻，不是詩人、畫家、討海人和探險家的專利。

我們人人都可以成為鹽的收藏家，成為這些能改變一切、能拯救一切之時刻的收藏家。

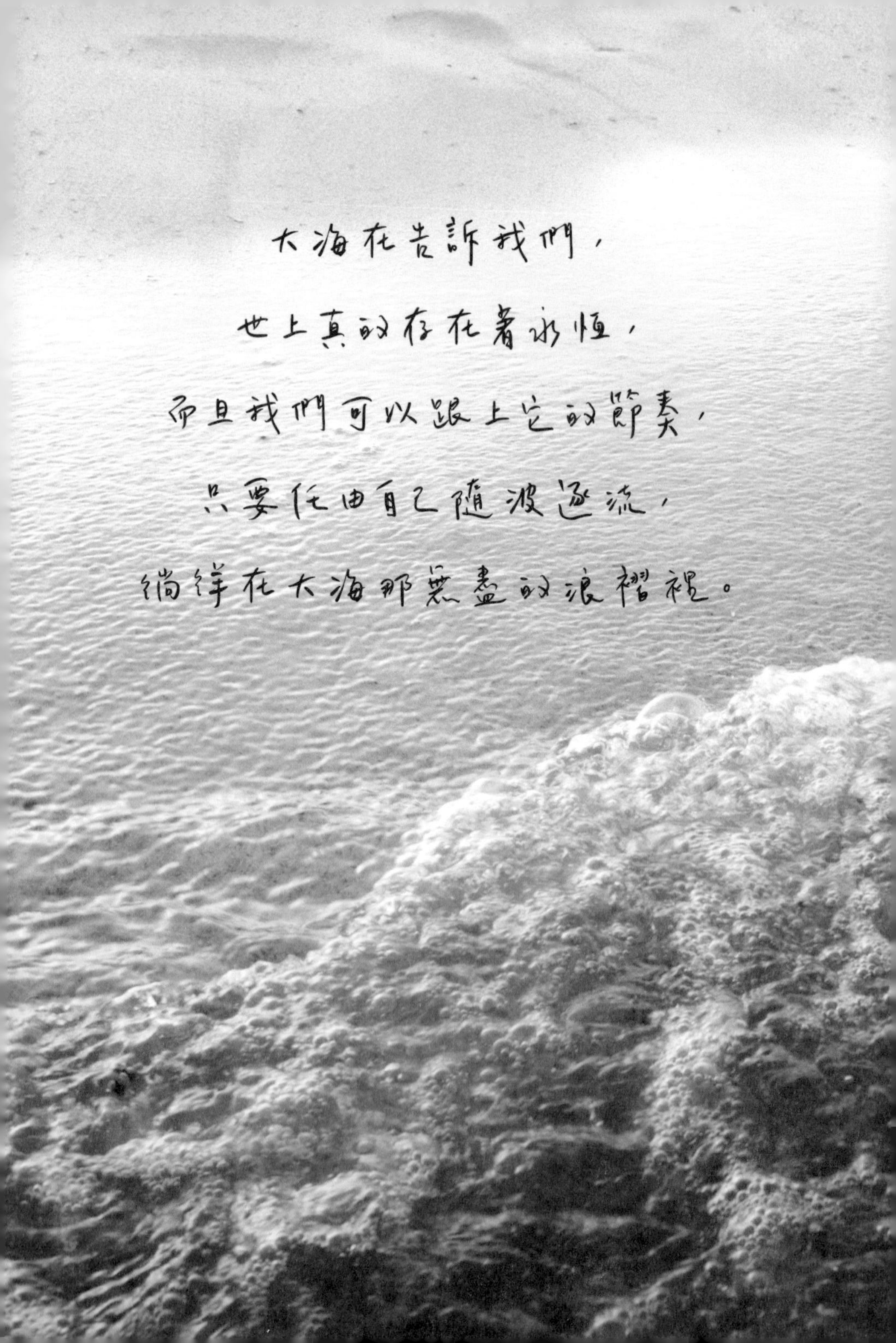

大海在告訴我們，
世上真的存在著永恆，
而且我們可以跟上它的節奏，
只要任由自己隨波逐流，
徜徉在大海那無盡的浪潮裡。

# 屹立不搖的燈塔

## 為自己打造堅固可靠的座標

陸地看著大海時，心中不免懷著幾分忌恨，畢竟大海是那麼自由自在，恣意捲浪翻波。陸地想馴服大海，要求大海變得穩定、可預測。而我們這些可憐的人類也一樣：大海明明沒有固定地點，也沒有主人，我們卻想要用自己的各式地圖、海圖制伏它，彷彿我們能繞海一周，強行為它制定輪廓和疆界。

可是大海只屬於它自己。海挫人銳氣，讓遠征鎩羽而歸。它既不允許逃離（沒辦法在海上鋪任何柏油路），也不提供庇護（沒辦法在海上搭建任何避難所）。曾經有多少船員在海水裡昏迷不醒？曾經有多少船艦再也沒回來過？浪濤拍打海岸時，是否訴說的就是這些故事？

為了確保自己不在海上迷航，人類發明了燈塔。燈塔牢牢固定在地面上，猶如哨兵，猶如伸出的雙手。燈塔藉由自身的高度或顏色（有的是鮮紅色，有的是雪白色），成為最明顯的一種助航標識：它們是清楚易見的固定標點，能充當座標協助船員，避免發生船難。

因為，古早的時候，既沒有地圖，也沒有測量儀器，當然更沒有衛星定位導航，船長們航行全憑目測，並以助航標識為輔，藉以避開暗礁和淺灘。這些哨兵之中，有一個特別壯觀：座落在法羅斯島上的亞歷山大燈塔。「法羅斯」一詞也因此成了許多語言的「燈塔」字源。它被列入世界七大奇景，曾在近十七個世紀期間，指引船隻前往埃及。

燈塔坐鎮在陸地最前線，憑著火眼金睛，試圖看穿海濤捲裹在那藍色咆哮浪沫裡的祕密。從貝倫塔到神父角燈塔，乃至亞爾曼燈塔、蠍子半島燈塔、勒維拉塔燈塔、迪霍萊燈塔、相傳鬧鬼的戴韋內克燈塔和里斯摩爾燈塔[1]，這些水晶提燈般的暗夜守護者，並不只是奇景或骨董古蹟；它們至今仍讓成千上萬船隻得以平安歸航，而且其美感是人造衛星所沒有的。萬一哪天燈塔消逝了，人類的驕傲有一部分大概也會跟著消失。這種面對大海仍處變不驚的傲視，確實脆弱，但更顯得勇氣可嘉。

為什麼燈塔腳下的大海，似乎總是比在別處更猖狂呢？大海發動攻勢，離去，又回來再戰；它發威恐嚇，來狠咬岸岩，再度咆哮。為什麼呢？因為燈塔沒把它的強大放在眼裡。燈塔是高傲的獨眼龍，是傲視這片無邊無際海水的一截蠟燭，在挑釁海洋。

我們呢，生活中也需要別人來照亮，需要在諸事不順時能搭救我們的燈塔。它們不是樣本模板，而是避風港，是一些源自於自己的可靠價值觀。能不能一一列出我們的助航標識，列出這些永遠力挺我們、永遠會向我們伸出援手的座標呢？有哪些？某本書，某位朋友，某個國家？某位神明，某位父輩，或也許某個從前的夢想？最好要能列出這樣一份清單，用大紅色標註在我們的航海圖上，以免淡忘，並在暗礁四伏且掀起狂風巨浪時，記得回來查看。

燈塔是一種安全措施，是個由砌石和火光構成的救生圈，能讓人免於溺水，也象徵著希望。話要說清楚：這裡所指的是希望，而不是那種永遠不會實現的理想，不是那些根本高不可攀的完美平靜泰然意象。這裡所說的是可達成的希望，能引領人向前邁得更遠，迎向將發生的事。這種力量經常遭到誤解戲謔，但它並不是一種捕風捉影，它能讓人不至於徹底沉淪失志。

希望並不是盲目的：它很清楚現實情形，懂得實事求是，但它堅信人終能讓挫敗屈居下風，並可以讓一旁唱衰的人變成自我打臉。希望是暴風雨中的堅實陸地，是源源燃料般的堅強意志，讓人能堅持下去——無論如何，再堅持一下下。

人人心中都懷有一分不想落空且永不退卻的希望。有看過哪座燈塔退卻過嗎？它也許有時在陣陣耳光般的狂風下微微顫抖，但絕不投降。

我們人生中的某些夜裡，也可能以相同方式使自己的希望蒙上陰影，幾乎熄滅了希望。可是，在某個地方，有火光在守候，有燈塔在召喚，並為我們繪出一條可能的航道。

是我們自己要悉心保存內心的希望，要確保自己的各座燈塔都持續運作。願我們非常用心列出這份燈塔列表，在人生道路上清楚標註這些可靠定點——或許是少數人，或許是若干樂趣，也或許是某些特殊的「稱地」[2]——它們從未令我們失望，也從未出賣過我們。

---

1 此處提及的燈塔依序位於：葡萄牙里斯本；魁北克下聖羅杭省（Bas-Saint-Laurent）；法國不列顛最西端；智利；法國科西嘉島的卡爾維灣（baie de Calvi）；冰島Suðurland，意即「南區」；法國不列顛桑恩水域（raz de Sein）——相傳曾有男子遭遺棄在當地的島上，他孤立無援餓死後，鬼魂在島上徘徊；蘇格蘭內赫布里底群島中的艾琳慕斯迪爾（Eilean Musdile）小島。

2 編註：「稱地」的法文為 lieux-dits，是法語中行政上的地理概念，指具有傳統名稱的小地理區域，其名字通常與當地的歷史、傳統或地貌有關，常見於葡萄酒標的產地標示。

在某個地方，有火光在守候，

有燈塔在召喚，

並為我們繪出一條可能的航道。

# 魯賓遜漂流記

## 悠哉才是王道

一個家世良好、身為約克夏富商之子的英國年輕人，不肯順從父母的安排，率性跳上一艘商船。從此他自由自在，不必受法規拘束，只須聽命於大海，在巴西落腳，成為殖民地莊園主人。但他很快又登船，準備前往非洲。他在安的列斯群島發生船難，孤單一人、無依無靠的魯賓遜（是的，這就是他的名字），只好設法求生。他將在他的島上，受困二十八年兩個月又十九天，他把這座島取名為「絕望島」。這就是狄孚在所著小說《魯賓遜漂流記》中所描述的故事。

狄孚的寫作靈感來源，很可能是亞歷山大．賽爾寇克的事蹟，他是「五港號」的航海長，個性剛烈，不聽從上命，於是被丟到玄武岩的彈丸之地「近陸島」（如今改名為「魯賓遜克魯索島」），位於茫茫太平洋裡，在智利外海。他在島上待了四年多，充當他救生包的只有一把火槍、一些彈丸和火藥、一塊取火燧石和少許菸草、一支小斧、一把刀子、一只沸水壺、一些測量尺規、一本《聖經》和一本聖歌集。如今二十一世紀船難倖存者的生活基本必需品會有哪些呢？一支手機、一台微波爐和一個網飛訂閱帳號？賽爾寇克他呢，最後完全忘掉自己的母語，連話都不會說了。

後來是遇到山羊，才救了他一命：他食用羊的肉，用羊做成衣服和油脂。他甚至和羔羊一起跳舞，一旁還有一群被他馴化的貓。他回到文明社會後坦言：離群索居的那段日子很快樂。狄孚的小說於一七一九年在倫敦出版，但並未載明作者姓名。一本暢銷巨作於是誕生。魯賓遜成了傳奇。但現實完全不是想像中的那樣，不是某人在自己的小島上，過著快快樂樂的生活，悠閒愜意，整天做白日夢，在美麗星空下入睡，吃著美味熱帶水果。不是什麼「近陸島渡假村」。

差得遠了：魯賓遜不屬於大海，而屬於陸地。他從事耕種、建造，也設防護。他汲汲營營的是重建自己所失去的事：一個國家、一個社會、一個文化。他是個工作狂，分分秒秒都有事情要忙。每天都要填得滿滿滿，任何空檔都等同怠惰。魯賓遜不忙碌的時候，就閱讀《聖經》。他的信念是：世間只有一位上帝，就是他這塊神聖的土地，是勤勞和汗水的成果，有一整片蠻荒要開墾，不可以輕易怠惰，也不能安於逸樂。

我們嚮往離群索居的魯賓遜式生活時，所幻想的反而是能夠放縱生活在一座伊甸園般的小島上，過著悠哉的清閒日子，無憂無慮也無義務，只有藍天碧海、鹹味與沙灘。可是去哪裡找一片人煙罕至的大自然，這年頭去哪裡找自己的人間天堂，尤其世上每一寸土地都已經被觀光產業踏遍？如今我們只是步上前人後塵，穿梭一些相同古蹟，遊歷一些相同景點，前往一些相同目的地罷了。地球成了個巨型主題樂園，飽受旅遊團的蹂躪和觀光產業的摧殘。

再也沒有原始的曠野了，不論走到哪裡，風景都標準化、制式化且汙染嚴重。倘若如今魯賓遜再世，他很可能會是個激進環保倡議者、活命主義者，或預言著世界末日的社會崩解論支持者。狄孚筆下那個超級勤奮的船難生還者，在我們這年頭，會是個悲劇主角。而且這也不是影集《LOST檔案》，劇中各個人物彷彿受困在自己的命運中，氣氛還更歡樂一點。

然而，魯賓遜仍繼續道出我們對孤島的渴望、對獨處和一種更從容生活的需求，一種不會有工作接二連三而來的生活。想成為一個悠哉的魯賓遜，不再忙著做各種非做不可的事情、列清單、趕路、參觀。不再跟隨觀光行程，這種旅遊方式把我們的自由時間，如工廠量化生產般，不斷排入景點和景觀、小餐館和大節慶。為什麼要讓自己忙得團團轉？為什麼無論如何都想追求壯觀、刺激、迷人的事？

如果想回頭來當個魯賓遜，就必須培養美國作家兼自然學家彼得·馬修森那種貴族般的無憂無慮。一九七三年，他遠征尼泊爾，去到西藏邊境，目標是觀察在這個極端地域稱王的凶猛傳奇動物雪豹。他回來後，別人問他，是否看到了心心念念想看的雪豹，他回答：「沒有，這樣不是很棒嗎？」對美麗事物最有禮貌的方式，就是別刻意追捕，而是把自己的感官磨得敏銳，隨時迎接不期而遇的乍現。別因我們不知停歇的躁動而煩擾這個世界，別用接踵而來的瑣事塞滿我們的時間。

真正的獨處，是別又找事情做，因而浪費了放鬆的時光。這身體力行起來並不容易，因為我們總戰戰兢兢想找事情忙，彷彿我們時時刻刻都必須證明自己確實存在。這是不是一種自戀，使我們不論走到哪裡、不論做什麼事都想看到自己？或者這是一種對空虛的恐懼，害怕面對自己，不敢看見毫無迂迴亦毫無掩飾的本然自我？

真正得道的魯賓遜，不是狄孚筆下那個魯賓遜，執著於非要把時間有所運用不可；而是別無所求，只想體會寂靜才是壯麗，悠哉才是王道。而人有自己相伴時，沒有誰是孤島。

人有自己相伴時，

沒有誰是孤島。

# 升旗

## 勇於說出內心感受

航海人有自己的一套字母：alpha、bravo、charlie、papa、tango……他們有自己的編碼和信號：即信號旗。國際海事信號旗，是一套全世界海事通用的系統，讓人不論母語為何，皆能互相溝通。

A旗（Alpha）的意思是：「本船人員水下工作中，請遠離本船並慢速行駛。」D旗（Delta）的指令意味更強了：「本船正在處理問題，請遠離。」K旗（Kilo）明顯友善許多：「本船願與貴船通訊。」再來看看V旗（Victor），它和「勝利」的V毫無關聯，令人不捨又憂心，因為它的意思是：「本船需要幫助。」

人也要懂得願意降下旗帆，願意把船帆從桅杆收下來，並且投降。

這樣不是認輸，而是了解到再戰也是枉然。有時候，歸順才是上策。放下、接受自己無法改變的事：這世上有太多不知自己無知的愚昧之人、得寸進尺的自私自利之徒，以及厚顏無恥的小人。有些處境，人既無法從中有所收穫，也無法獲益；繼續待下去只會耗竭自己。必須懂得棄賽，放下自己無法改善的，專心投入能改善的。

人人都聽說過一位來自拉曼查的騎士，他名叫唐吉訶德，花很多力氣和風車決鬥。但每次總是由風勝出，因為風懂得改變和轉向，而抱持理想主義的唐吉訶德卻不肯讓步和妥協，一味死守著自己的英雄作風。

若說他想揭發虛偽的人和社會上的假仁假義，那是為了能繼續嚮往一個更美好的世界。他的所作所為，卻是耗費力氣在一場注定要失敗的戰役上。人沒辦法打敗所有的風車、所有偏頗的制度、所有墨守成規的人、所有假公濟私的主管。人沒辦法只憑一己之力，在更公正、更純粹的基礎上重新來過。

但仍得承認，這位騎士在對決時，確實英姿煥發。因為他不顧一切，毅然決然挺身，即使毫無勝算也一樣。因為表達自己的感受，是一種勇敢，不論是忿忿不平或興高采烈，不論是痛苦或感恩。人總是懊悔沒能及時說出該說的話、沒能及時求助、沒能及時告白。然後終生背負著這些沒說出口的字句、回吞的屈辱和被噤聲的愛意。

因此，人可以允許自己使用F旗（Foxtrot），它的意思是：「本船出現故障，請求與貴船通訊。」這很尷尬，很困難，但有時候，這是人唯一能說出的真誠話語。說一艘船「故障」了，就表示它無法運作，無法再正常運行。這個詞很重：意思是人感到茫然失措、無所適從、孤立無援了。

這下只能發出SOS求救訊號：Mayday，Mayday，Mayday。當初，於一九二三年發明這個求救訊號的人，是倫敦南郊克羅伊登機場的無線電通訊主管，名叫費德烈．史丹利．莫克福。他原本說的其實是法語「請快來幫我」（Venez m'aider），結果他的法語發音不夠道地。

有多少次，我們也有口難言，於是索性不說了，內心情緒也一併隱藏起來。也難怪這些不得已的緘默，造成了不解和誤會。在海上卻恰恰相反，說話直入主題，不拐彎抹角。只要靠兩幅信號旗，N C（November／Charlie），就能發出求救訊號，或靠 J G（Juliet／Golf），就能坦承自己觸礁了，處境危險，又或是揚起 Q L（Quebec／Lima），可通知對方自己因為染疫而正在隔離中。或只升起 L（Lima）即可：「貴船應立即停下。」

日常用語從來就不像這樣明明白白，從來就不像這樣直言不諱說出我們的感受。我們的求助訊號往往籠統含糊，我們不肯配合卻說得不清不楚，我們想示警別人卻猶豫不決。大多時候，我們都在兜圈子，都在吞吞吐吐。

大海再次為我們帶來寶貴的一課：它教我們要讓自己說「不」就是

「不」，說「是」就是堅定的「是」，而且我們的請求，就算表達得不夠好，也不能不了了之。Mayday，Mayday，Mayday。

對美麗事物最有禮貌的方式，

就是別刻意追捕，

而是把自己的感官磨得敏銳，

隨時迎接不期而遇的乍現。

# 公海
## 懂得遠走高飛

雖然相傳不是這樣，但尤利西斯歷經漫長旅程，回到自己的小鎮後，應該是悶悶不樂、鬱鬱寡歡才對。這也是合情合理：有誰希望自己對大海的了解僅限於港口？有誰只喜歡旅程中的回程？有誰喜歡返回碼頭，回歸一成不變的固定作息？又有誰喜歡終日停泊堤岸，背對遼闊天際？

人有太多的時間都在委曲求全、逆來順受。我們只管接受、閉嘴、讓步。我們照著開始時那樣繼續下去，有點依樣畫葫蘆，並不怎麼自由。要如何讓自己培養一點表達異議的能力呢？如何向汪洋大海學習自由自在呢？出發吧！乘風破浪、冒險犯難，順著風勢而前進，甚至順著風暴而前進，試著去其他地方看看，哪怕只有一次也好，去自己還沒去過的地方走走。

人太常過著宅居在家的生活，為自己設下的限令比懷抱的盼望還多。人永遠替自己看得不夠高、不夠遠，缺乏大膽進取的心。這就是刺激的海上生活在我們耳邊的呢喃慫恿，這就是水手、航海家、跑船的小夥子、大西洋的未婚妻[1]和船員們的生活。他們跑遍四海，不是為了吹噓，也不是為了炫耀，而只因為對他們而言，遠離岸邊的人生，才是真正的人生。那是一種以船為家的人生，沒有地址，也沒有牽掛。

大海所說的是一種純粹又生猛的自由：沒有疆界，沒有障礙物。但這遠遠不只是一種流浪，而是一種必要。因為需要很大的勇氣，才能遠走高飛、掙脫束縛、掙脫義務，甚至是掙脫「別人會怎麼說」。話說「束縛」一詞是什麼意思呢？就是緊縮、侷限。事實上就是這樣：我們的生活是受到壓縮的，呼吸是短促的。

遠走高飛到了外海後，情況截然不同：人被一股往上升的力量帶動，運行變成直立式的。人只看會變大的東西：海的那一頭、天空、無限蒼穹。沒有哪個航海人的眼界是低的。到了外海，就是告別緊貼地面的狹隘生活。在那裡，人和天神平起平坐，所在地更高，看得更遠大。而且也比其他留在港口的人更貼近星宿。到了公海，有一種飄飄然的崇高感，心和思緒都豁然開朗。

遠走高飛去外海，也是讓事物各自回歸本位。抬起頭，望向遠方，心裡想想，其實說穿了，很多事情都是累贅：使我們生活烏煙瘴氣的種種瑣事、令我們窒息的種種目標、使我們感到沉重的那些人際關係。出發吧，學學海浪的奔放灑脫，海浪毅然決然離去，離開岸邊，而且再回來時總是嶄新姿態。解開身上那令自己不舒服且動彈不得的鉛塊。

有時候，我們確實感覺自己活得不夠精采，太常被其實不該占用我們注意力的事物給荼毒和壓榨了。於是我們決定對這些糾纏不休、如寄生蟲般的事物下禁令。好，可是從什麼時候開始？即將到來的夏天？將來某天？這就是人與精采人生的距離，也許明天吧。做很多準備，可是到最後，從來不真正去力行。然而大海反覆告誡的，就是別把自己的自由一拖再拖：要活得全然，要終於好好活著，拋開那些徒勞無益的事、那些使腦袋塞滿無謂煩惱的事。

也要拒絕再那麼浪費時間，那些時間被別人偷走了，被別人糟蹋了，使我們被無關緊要的事拖累了。難道我們看不出，自己成天都不是在做真正想做的事嗎？大海要我們別賤價拋售自己。我們必須節約自己的量能，別浪費天賦而老是忙些不值得忙碌的事。

要把自己視為珍貴貨幣，要悉心關注自己。要關注讓我們內心最感到振奮、最感到真實的事物，別憂心忡忡盡想著東家長西家短：她竟然跟我說這種話、他一定會那樣想、我必須替自己辯解、要說明一下……

公海，是化外之地：是沒人居住的地方，既不是城市，也不是鄉下，既不是沙漠，也不是綠洲；是個渺無人跡、尚未被人類染指的境地。是一塊不容入侵，也不容汙染的處女地。

大海邀請我們耕耘的，不是我們的一小塊園地，而是我們壯闊的化外之地。外海的勁風在呼喚我們。它來解放我們受束縛的人生。

1 譯註：「大西洋的未婚妻」是法國帆船航海好手芙蘿倫絲・雅多（Florence Arthaud）的暱稱。

# 暈船
## 走出情傷

我們有一個問題，以及寥寥無幾的解方。我們的問題是：暈船。如果想防止暈船，是否該吞些薑片，到甲板上跨開雙腿站一站？要是這招沒效，手邊還有另一個辦法：築堤防。這招已經獲得證實可靠有效，能讓人不受怒濤和感情的侵擾，情海確實令人陶醉，但同時也會導致損失和船難。無人能倖免，無人能真正全身而退。

愛情：是詩情畫意，卻也是狂風暴雨。羅浮宮裡掛著一幅畫，是洛可可時期名家華鐸對甜蜜愛情的描繪：《前往基西拉島朝聖》。基西拉島是愛神維納斯之島，島上只有一種季節，四季如春。畫中人物雙雙對對，身上的綾羅綢緞悉悉窣窣，他們笑容滿面，彼此耳鬢廝磨，情話綿綿。人人都很幸福，很恩愛。而且是生死不渝。時間成了一種醇美的天長地久。一切都輕盈、曼妙，飄著仙氣。人不是用走的，而是踏著凌波微步。遠方的海面，承諾著溫暖的人間天堂和無盡喜悅。畫中並未披露船隻的種類和航行的危險，以及並不少見的損失和事故。

沒有什麼比大海更能道盡愛情的本領：能撫慰人心，也能使人滅頂；能令人欣喜陶醉，也能使人受盡屈辱。愛情給予多少，就奪走多少。不是它死，就是我們亡，就像浪濤的襲捲。它既是燈塔，也是暗礁，既是火光，也是利刃。它慷慨給予，也激烈奪取。因為，愛情呀，就算是最美、最濃的，也不會永遠持續。注定如此。一如人無法命令海洋，人也無法命令感情。它們高興來就來，高興走就走：它們的出現是奇蹟，但造成的破壞是浩劫。

有人事後會試圖安慰我們說，「失去了一個，會再遇到十個」「是他配不上你」，但這樣只是更令人生氣，如火上添油，一點用也沒有。

事實擺在眼前：愛情雖然桀敖不馴，卻也細嫩脆弱，它先是萌生，接著綻放，隨即便消逝。各種傷痛中，情傷是最難撫慰的。因為，一如琵雅芙唱的「沒了愛情，人就一無是處了」。我們不再為了任何人而存在。分手的心碎，所帶來的不是寂寞，而是更嚴重的事：我們不重要了，成了無人聞問的無名小卒。蝴蝶與燕子般的風花雪月就此結束，無法再幻想自己長了一雙翅膀。人被打回凡人的原形，回到塵世裡打滾。

遇上情傷最令人受不了的，是一切仍和熱戀時沒兩樣：我們心裡想的盡是他，眼裡看到的盡是她，一心只想等他，一心只惦記她。他已不在身旁，但我們仍依戀著他；她不和我們說話了，但我們仍盼望聽到她的聲音。人也可以像悲劇主角一樣，化悲痛為憤恨，一心尋仇，把依戀通通轉變成恨意。人也可以學學築堤這門學問，這種工程結構唯一的目的就是減少損失。築起堤防，告訴對方：你這個負心人，決不讓你得逞。

荷蘭有個特殊的單位，專門負責各種治水工程。有點類似法國的橋路養護工程處：即「堤防委員會」，簡直是一支國防精銳部隊。荷蘭的國家存亡都仰賴這個委員會，仰賴這些小堤防，它們是境內唯一高於水面的地點，水患時非守住不可。各地堤防需要定期維護保養，因為任何裂縫都可能後果不堪設想。這項工作實在太重要，因而在荷蘭歷史脈絡下衍生出一套貴族制度，即「堤防爵位」，授封給監督堤防的人。

若說這種特殊防護機制能讓人學到什麼，那就是每個人本身，縱使受過打擊，縱使受過創傷，都有能力建造護欄來守住淚水。我們能築壩，免得全面潰堤。因為情傷構成一種毀滅式的危險；我們有可能因此踉蹌失足，因此從人世間被除名。

你覺得這樣太誇大其詞，覺得情傷哪至於如喪考妣？然而確實是如此：對於對方來說，我確實死了，明明對方昨天，或姑且說前天好了，都還發誓會愛我一輩子。但才一轉眼的時間，我就被取消了、抹除了。就是因為這樣，築堤這門學問才特別適用且備受推薦；堤防必須繼續存在，哪怕曾有事物淹沒我們，或更嚴重的：曾否定我們。

對某些人來說，重新振作、無論如何仍覺得自己還活著，便是開始寫作、便是不再讓自己的幸福完全依賴那個從前過度崇拜的對象、便是終於出發去那個嚮往已久的遙遠國度、便是換個造型、換個居住鄰里、換一種言行舉止、培養健康的自給自足，由此不再自怨自艾。重點不是做什麼，而是下定決心治理這分傷痛，拒絕讓失戀成為對自己的否定。

人無法讓傷口癒合，但可以別一直失血。總能找到對治情傷的解方，就像總能找到對治暈船的解方。我們會遵循航海人的忠告，去找一個固定的點，一個不會隨長浪[1]起伏的點，找個等同於堤防、等同於圍牆的東西，抵禦可能會使我們迷失的事物。你這個負心的人，我告訴你，決不讓你得逞。

1　指海面上波長很大的波形運動，會形成波紋，卻不會起風。

大海所說的是一種純粹又生猛的自由：

沒有疆界，沒有障礙物。

但這遠遠不只是一種流浪，

而是一種必要。

# 航海人

## 做自己人生中的英雄主角

地點是倫敦泰特現代藝術館。一片天旋地轉的灰色、土褐色和白色。隱約能看見一艘船模糊的輪廓，和它四周的風暴。水與天合成了一個咆哮的球體，簡直能聽到疾風驟雪的呼嘯，盡是張力和色彩，彷彿這場風暴要颳破畫框了。畫中的船隻籠罩在一股淺銀色光芒中，宛如追憶著曾經的蔚藍晴空。

這是威廉·透納的一幅畫作，名為《暴風雪中駛離港口的汽船》，那裡是很遙遠的外海，只剩下水浪、霧氣和天空。這幅畫附有一段說明文字：「『亞利爾號』駛離哈維奇港鎮的當晚，繪者本人也身處在這場風暴中。」據說當時他甚至請船員把他綑綁在桅杆上，以便觀看浪濤。

依他的說法，他被綁了四個小時，還以為凶多吉少。

透納的這段敘述，想必傳說的成分多過真實。但他畢竟畫出了這幅畫，畫中的大海、空氣和人類融為一體。航海人並不是運動員，他們的目標不是締造創舉，就算仍會參加海上競賽——像是歐洲跨洋航海帆船賽「蘭姆之路」（Route du Rhum）、法國旺代單人不靠岸航海賽、美洲盃帆船賽——也一樣。他們所追求的，是另一種東西：得以見識海洋，得以「到此一遊」，一如風帆傳奇好手艾瑞克·塔巴利（Éric Tabarly）曾說的。

這樣是成為自己的英雄主角。因為，在海上，自己就是船老大。人凡事只能靠自己，就算駕船技術和風向扮演了一定的角色，就算身邊還有其他船員也一樣。每個決定都必須親力親為，要採取行動面對險難並迎向未知。做決定時不能半吊子；必須全心投入，全力以赴。

航海人這個角色，有一種「全然」的概念，這種生活無法只過一半。即使沒出發去遙遠國度，也沒單槍匹馬環繞世界，我們如何也能培養航海家這種狂放不羈的態度呢？想必一切要從「未必會配合」做起：別人對我們頤指氣使時，我們未必總是要呼之即來揮之即去，未必總是要答應「好」。如果玩「既不說『要』也不說『不要』」的遊戲，航海人一定是大贏家：別人喊他的時候，他直接相應不理。他保持距離，一概沉默。

這種野性十足的人，完全就是人所嚮往的人與海的關係：他很自由，不受人左右；他很叛逆，拒絕任人擺布。為什麼大海能激起人這麼高昂的鬥志呢？因為大海本身就是不可征服的。何謂自由？大海就是活生生的象徵：既不肯被關在籠牢裡，也不肯被鎖鏈束縛。

大海告訴我們，我們不必覺得自己非得隨時都喊「右」不可、非得毫不計較地幫助別人不可、非得靜靜乖乖聽話不可。大海和航海人讓我們看到的是一種良性的自私，有益身心，能讓人保有自己的獨立自主。

大海也邀請我們耕耘自己的獨特性。一如透納把自己綁在桅杆上，如此特立獨行，我們也不必對真實的自己遮遮掩掩，反而應該捍衛自己「獨有的特質」（idiosyncrasy）。請放心：這個字眼既不是什麼疾病的名稱，也不是什麼怪毛病。它指的是我們人人都是獨一無二的，即使近乎古怪招搖，即使近乎離經叛道。

這個源自古希臘文的單字，的確指的是一種無法加以歸類的獨特氣質。我們不妨問問自己，而且要經常這麼問自己：是什麼讓我之所以是我？因為我們的存在感，來自於我們顯然有所不同——和別人有所不同，也和他們眼中自己想要或自以為了解的我們有所不同。

還是先回來談談「idiosyncrasy」這個單字吧：它和「單字」（idiom）來自同一個字根 idios，原本意思是「特別的、各自所獨有的」。於是「笨蛋」（idiot）這個字，用古希臘文來觀想，瞬間顯得高級許多。這不是個罵人的字眼，而是一門學問，即如何成為自己人生這本原創小說的主角。如何經營這種獨有的特質？如何當一個「笨蛋」，不被收買、不淪為附庸？

方法就是讓別人期望落空，不出現在別人要求我們出現的地方。就是拒絕被軟禁：不是，我不是你以為的那樣；不是，我不是你想要的那樣。讓我們把詩人艾梅．塞澤爾的名言奉為座右銘吧：「請你順應我。我可不會順應你！」人有反抗、不予同意的權利。人也有不討喜、惹人厭的權利。航海人征服海岬時，不是也無法無天嗎？

合恩角俱樂部的成員（亦即成功越過南美洲最南端合恩角的那些冒險家），會在左耳戴一只耳環，以彰顯自己的差異。人不一定非要藉由在身體上穿洞來宣示自己只屬於自己，但的確能以他們為榜樣，培養那樣的剽悍和桀敖不馴。

出發吧，學學海浪的奔放灑脫。

海浪毅然決然離去，

離開岸邊，

而且再回來時總是嶄新姿態。

# 海邊

## 論悠閒之重要

古代羅馬人會去鄉下，以遠離羅馬市區和避暑。富裕的貴族會前往他們位在坎帕尼亞區，如拿坡里、阿馬爾菲海岸、卡布里島等地的別墅。這便是生活之道的絕佳榜樣，即悠閒（otium）之道：在這段愜意的時光裡，所做的事盡為非必要，卻能昇華靈魂，滋養精神——如閱讀和探究哲理，靜思冥想和與朋友交談。

拉丁文悠閒「otium」（即法文悠閒「oisiveté」一字的字根）的相反是「negotium」，意即事務，即所有令人忙碌和操心的事，即滿是時間表和行程表、滿是義務和拘束的生活。但古羅馬的這種古老智慧在我們的年代已然失傳：我們的渡假時光，甚至連休假或週末，對我們而言都仍屬於「事情」，逼得我們非得找事情做、非得把時間通通填滿不可。

不論前者或後者都無法真正改變我們和時間之間的關係：只要一出現空檔，我們就想用活動填滿——談到我們的休假時，法文不是都用「做了」（fait）一詞，來表達我們「去了」愛爾蘭、冰島或某大自然長壽飲食法研習營嗎？凡事都是工作，凡事都是忙碌。也難怪，才一收假回來，我們又重返辦公室的匆忙步調：我們根本從來沒離開過這種步調。

古羅馬人所說的「悠閒」完全是另一種風貌。他們的這段閒暇時光，和我們如今的休閒活動可說大相逕庭，我們的休閒活動還更像是「事情」：我們的休息時間宛如工作會議，我們的旅遊行程比工作行事曆更滿。盡是馬不停蹄活動中的簡短暫停而已。而我們的週末往往都只是用來充電……才有力氣回去上班。

古羅馬式的悠閒有個遙遠的後裔，就是義大利式的「悠哉」（farniente）——是一段解脫的時光：不必再煩惱別人，不必再面對一些不得不面對的人，不必再上繳那所有的貢品給社會群居生活。但事實是，在這個年頭，我們不是活在當下：我們總是把活在當下延宕到日後、延宕到下次渡假時。

法文的「渡假」（vacances）一詞也源自拉丁文，拉丁字根是「vacare」，意思是「沒有」「空」「缺」。因此某職位無人擔任時，稱為職缺。如果想充分享受自己的假期，或許我們也應該不再為任何人擔事。此項服務已終止。別人的要求、請求、詢問，通通到此為止，我們只全神貫注於「活著就好」這件事。我們甚至可以失去對自己的意識，因為「對自己的意識」多半是別人對我們的看法，被我們內化了且令自己感到恐懼。

真正的放大假，是嚴禁那些「必須要」和「我該要」。不再處於運轉模式，而是放空神遊。撥出時間什麼也不做、只靜心關注自己的四周時，事物會呈現出一種特殊的光澤。環境中的任何風吹草動、一丁點細微的變化，都會成為一件小小的大事：對面屋頂上的光影變化、和我外甥女那段引人深思的對話、那本書中的金玉良言及夏季海洋那低沉嗓音。

但我們竟然有辦法連自己的假期也加以汙染：假期本該猶如重返天堂，卻往往淪為照表操課。既沒有自由的時光，也沒把瑣事一概拒於門外，我們把自己的休假變成一條龍式的工作：導覽參觀、拍照、景點、出遊、擺笑臉、晚宴派對……簡直會以為自己在參加一場競賽，幾乎分秒必爭了。

而這種「無法真正渡假」的情形最常見的地點，非海邊莫屬。到了如今二十一世紀，大家是否還記得最早期的海水浴場，當年最主要是治療性質，介於復健和運動之間？

海灘是十八世紀英國文化下的產物。在這之前，海邊是個生人勿近的地帶，甚至被視為不衛生。大海總是帶來洪水和災難，根本沒有人想靠近。不過，中世紀起至十八世紀年間，大家倒是承認大海有治癒狂犬病的本事：已經獲得證實了，狂犬病患者會怕水。藉由以毒攻毒，這些不幸染疾的病患，不分人或狗，一概頭部被按入海水中，起碼七次起跳。後來終於開始出現聲浪質疑這種療法是否真的有效。

接著，套句英文，「thanks to God」（感謝上帝），英國人也來摻一腳：大海於是成了一種正規療法——海水療法（法文海水療法「thalassothérapie」一詞源自希臘字根 thalassa，意思是「海」）。英國布萊頓成為第一座海水浴場……但它是精神官能症患者限定。海浴確實號稱有助於改善抑鬱、心理倦怠和焦躁。療程很嚴格：這麼做不是為了放鬆，而是為了提振自己，方法是浸泡在低溫的水域裡，最好別超過攝氏十四度。

病人在一位「浴水師」陪同下，搭著馬車迎向海水。一直到十九世紀，海灘實施嚴格的男女分浴規定。過了很久以後，到了大約一八六〇年代，海灘才逐漸轉變成一種休閒場所。後來，法國人也效法英國人，多維爾這座城市於是落成。大家紛紛來欣賞穿著泳衣遊走的男女泳客。聖特羅佩的天體營海灘和性感女神碧姬・芭杜是更後來才崛起。因此，讓暑假蔚為風潮的，不是地中海，而是英法海峽。

海浴這種由來已久的治療概念，是否能說明如今某些渡假客那種凡事都要更上層樓的好強心態？這年頭，人甚至想把海面變成柏油路面：騎著海上摩托車橫行霸道、橫衝直撞，把大海當成大馬路。彷彿我們想念車輛了，想念引擎聲、汙染、塞車……「潮浪、上班、回家睡覺」；彷彿我們人類呀，有一種可怕的傾向，喜歡把美好變成醜惡。

就這樣，即使人在海邊，我們也變得對大海視而不見。四周環境淪為和游泳池或駕訓班沒兩樣，我們對大海變得漠然，它簡直隱形了。人置身沙灘卻彷彿在陽台上，觀看做日光浴的人卻不太觀看海浪，頻頻想要回到高樓大廈和公寓樓房這種社會生活的環境——明明才剛從那裡逃離出來的呀。

海邊反而應該是一種全方位體驗的機會，體驗全然的愉悅，刺激一下視覺、嗅覺、聽覺和觸覺。鮮少有快樂能帶來刺激，並像這樣滿足各種感官。為此，我們必須先願意解放時間、讓時間空下來，迎接任何可能到來的事物。觀看、嗅聞、聆聽、觸摸，但不攝影，也不計較回本。把堅持要「做」、要找「事情」的迫切執念，改成「悠哉」「悠閒」的從容。把所有的操心、對結果的期待，通通放空，好好渡個假。

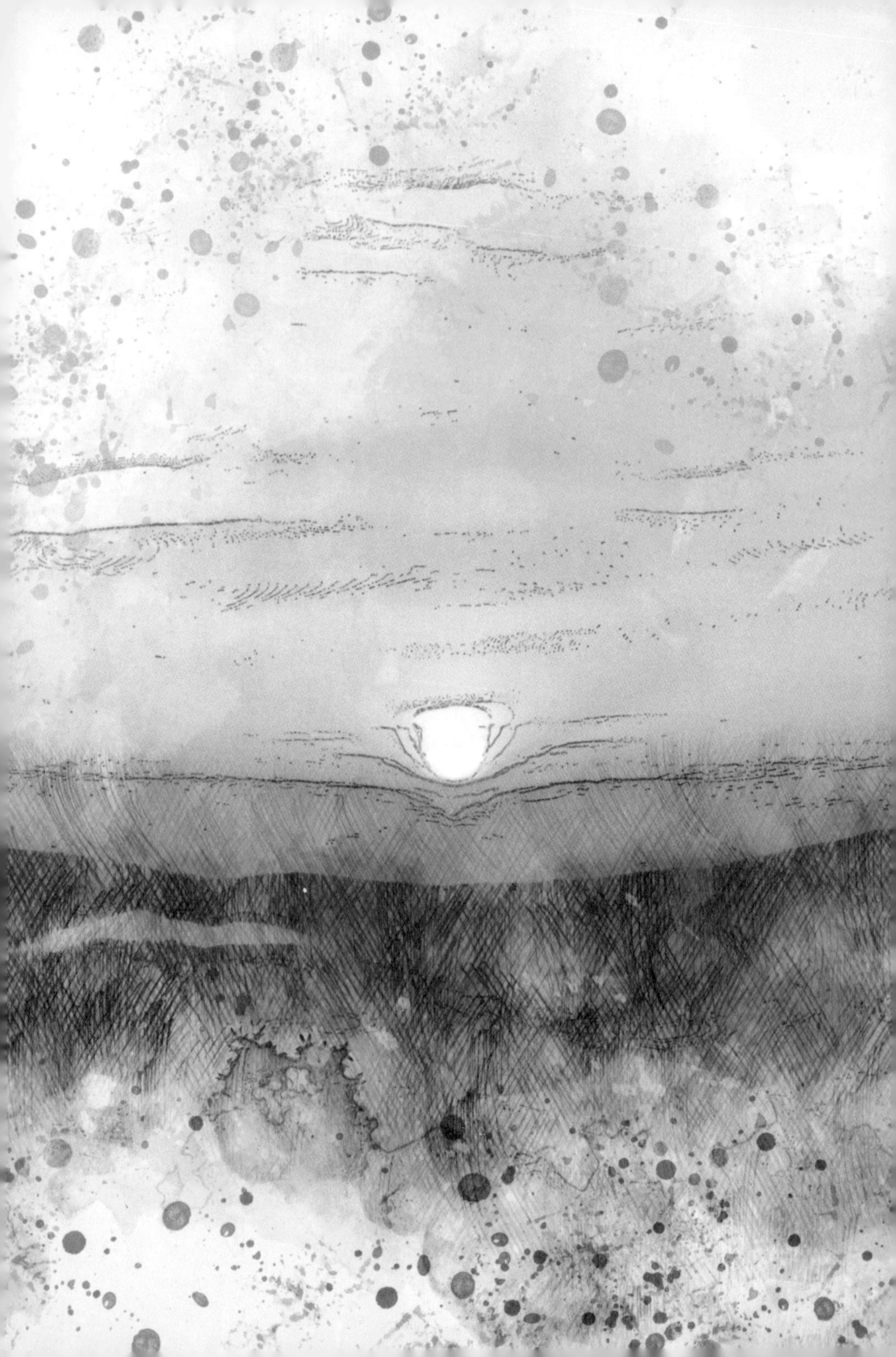

海請我們靜下來，停下狂奔的腳步，

讓自己被那輪番而來的潮浪給催眠。

宛如一座海洋大鐘，

鐘聲敲的不是感傷的歲月流逝，

而是永恆。

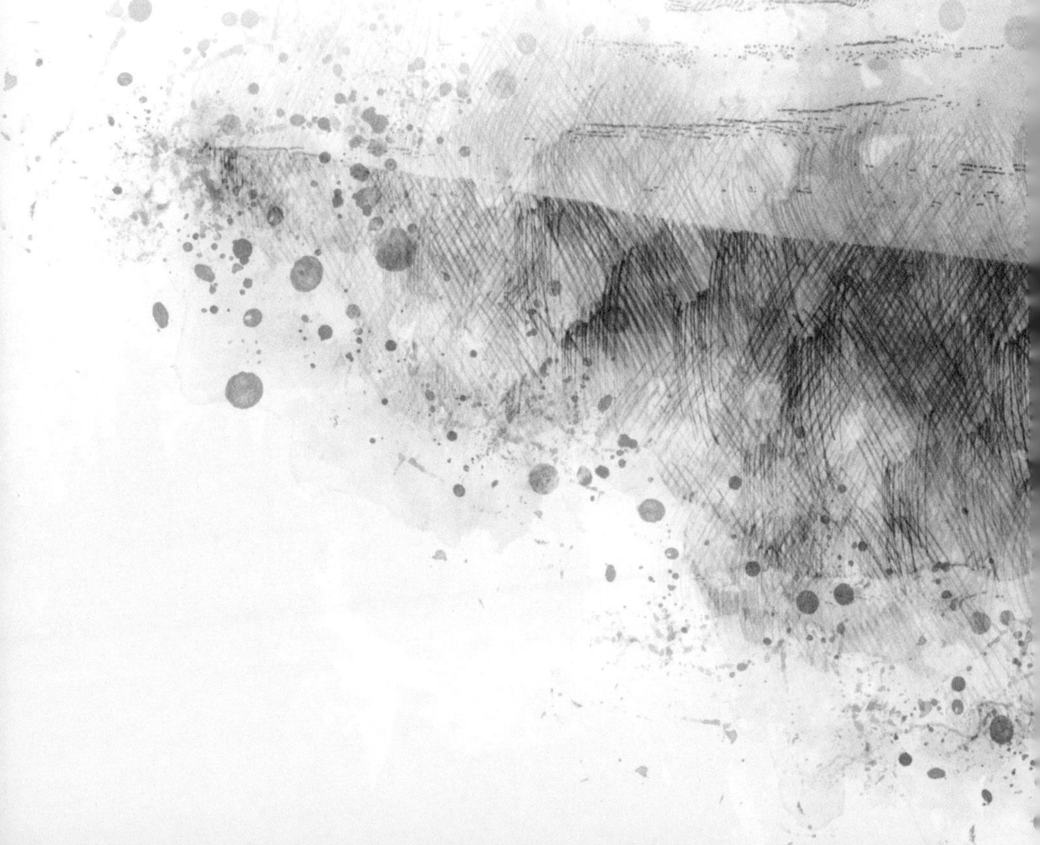

# 恐怖角

## 敢於發揮想像力

法文的碎浪「ressac」，指的是海浪拍打在某個障礙物上，然後懷著憤怒和怨恨悻悻離開。這個字是從西班牙文的resacar借用而來，意思是「抽離」，早自一四九二年即已可以查到。該年的十月十二日，哥倫布的卡拉維爾帆船平塔號和妮妮雅號及克拉克帆船[1]聖瑪利亞號，停靠了巴哈馬群島中的瓜那哈尼島，它後來改名為聖薩爾瓦多。

世上沒有哪片海裡沒有岩礁、礁岩或礁石，它們就是那些濺著水花，使海浪和船隻都可能撞上的危險地方。有不可見的陰險暗礁，也有巨無霸的珊瑚礁。太平洋裡棲息著大堡礁，是地球上最壯觀的礁岩，從外太空就看得見。它是地表（或說海裡也可以）最大的生命體，面積近三十五萬平方公里。堪稱一座大陸之間的大陸。

不過，並不是所有礁岩都這般宏偉；有些礁岩小不啦嘰，不見經傳。沒有任何船隻能完全倖免。必須懂得探險的門道，倚重自己的強項，並清楚自己的弱點。必須越過波哈多角，它如今更名為布日杜角，位在撒哈拉海岸，加納利群島南側。相傳由此再往更外海去，便是一片奪命的暗黑之海。一直到一四三四年，經過多次失敗和嘗試後，葡萄牙航海家吉爾・埃內斯才終於成功越過了這個恐怖角。波哈多角是歐洲最南端的角，是當時已知版圖的盡頭。

那裡是個萬劫不復之地，有滔天瘋狗浪[2]和銳利如劍刃的礁岩。相傳那裡有滾滾沸水翻騰，還有各種妖怪肆虐。航海家多半退避三舍，因為那樣是逆風而行，要是去了，幾乎不可能回得來。

吉爾・埃內斯之所以成功越過了波哈多角，並把已知版圖擴大至非洲，是因為他展現了過人勇氣並發揮了想像力。當年，船隻航行時通常是貼著沿岸；就算遠離既有航道，也只偏離幾天的時間而已。吉爾．埃內斯嘗試了一種更大膽、不確定性更高的航海方式，即利用所謂的「奇想點」（用他的母語葡萄牙語來說，就是ponto da fantasia）。

在更了解風向和水流後，他體認到，安全回到港口的方式……就是離得更遠。就是繞更大一圈、更遠離岸邊，以大而化之的方式航行，參考其實不太可靠的航海羅盤、參考前一個已知方位和粗略的已航行距離。這一切更像奇思幻想，沒什麼科學依據。沒有多少篤定，而是假想居多。

但就是透過繞這趟遠路——又稱為「幾內亞的迴旋」（volta da Guiné）——船隻才開始得以在外海海域航行，也才破除了過去的種種迷思。波哈多角這下只不過是「印度之路」的其中一站罷了，後來不久，有個名叫瓦斯科．達伽馬的人也走過這條路線。

越過恐怖角給人的一大啟示，就是與其埋首緊盯眼前的問題，不如拉開距離，從更宏觀的角度來看。如果想避開礁岩，靠的是變更自己的方位，來個迴旋。人經常在漫步時、在離開辦公室後、在抬起頭的那一刻，忽然想出了解決的辦法。鑽牛角尖是無濟於事的：只看得到眼前的東西，看不到更寬廣的視野，因而也看不到先前那些想都沒想過的可能性。要後退一步，才能走出那看似走投無路的困境。必須重新注入動力，想像不同的光景。

人太過恐懼，或太執著於自己的舊習慣時，想像力確實是最先被犧牲掉的事。我們採取一種封閉的姿態，認為這樣就能保護自己，免於遭受危險：一定要這麼做，因為以前都是這麼做，什麼也別改變。安全為上，順著海岸邊，走已知的路線就好。其實要反其道而行：要拉大自己的視野，別只看理所當然的部分。

難道沒發現，我們經常對自己判斷失準，卻很會給別人建議？因為太靠近看，一定是看不清楚的。如果鼻子緊貼著一幅畫，一定無法知道它在畫什麼。必須後退幾步，才能看清它的全貌；必須拋開短視近利，想像一些可能的途徑，才能充分了解某個情境。事情的輪廓和意義，這才開始浮現。

先沉澱一下，去晃一晃、繞一圈——是真的去這麼做：出門走走、跳脫藩籬、讓自己「撥雲見日」——然後帶著新想法、新視野回來，換個不同的方式面對問題。不論是鑽牛角尖或自以為是，兩者都不是好軍師。離開現場會比較有益。別因為害怕未知，就無論如何都想要個現成的答案，而要能接受處在沒有解答的狀態。這種良性的暫停能激發想像力，有助才思泉湧。

如先前所說的，自信和謹慎，要麼藉由避免高估自己，要麼藉由避免低估自己，而能讓人免於遭遇船難，但想像力能帶人去到更遠的地方。想像力能讓人考慮前所未見的事，用全新眼光看事情，保留空間給未知，保持開放的心胸。跟自己說「如果重新從零開始如何？」，忘掉向來被自己視為正確的事，並大膽嘗試從未體驗過的可能性。因為，舊習慣和恐懼，或反之，太有把握的事，往往會蒙蔽視野。最先想到的那些辦法，通常不是好辦法；它們只不過是最常被使用的辦法，也是最守舊的辦法。

在人生這場只能憑目測的航程中，若想要達陣，就不該禁止自己押注自己的奇思幻想，而要實驗看看那些從未嘗試過的解答所蘊藏的力量。如果想越過海岬，不能只走高速公路，而要開闢全新道路。

---

1 克拉克帆船是一種大型帆船，與卡拉維爾帆船同為西班牙和葡萄牙探險家的航海利器。

2 滔天瘋狗浪是指比四周長浪高出至少兩倍的巨浪。

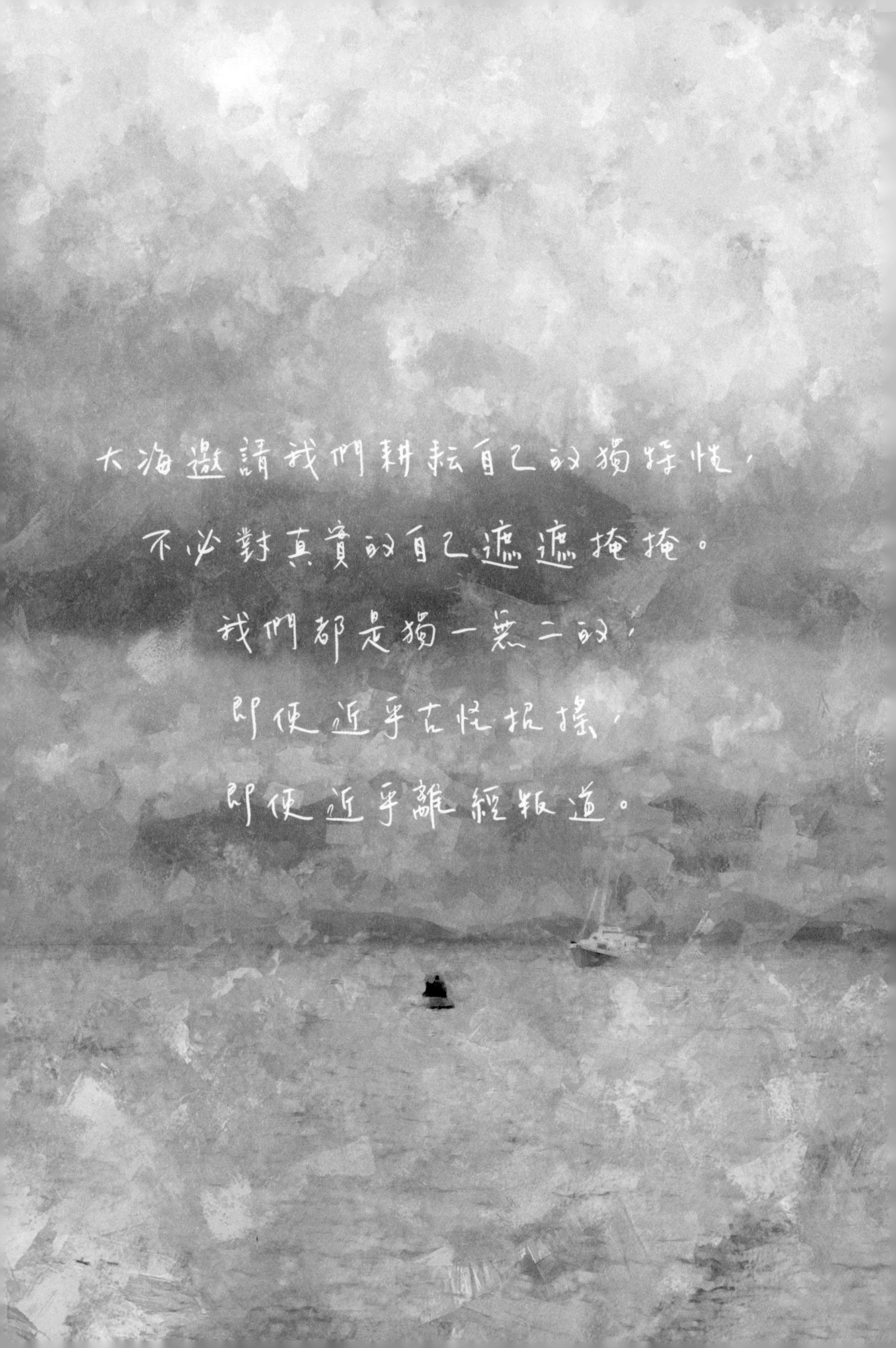
大海邀請我們耕耘自己的獨特性，
不必對真實的自己遮遮掩掩。
我們都是獨一無二的，
即使近乎古怪招搖，
即使近乎離經叛道。

# 白鯨

## 清楚知道自己要什麼

波士頓海岸南塔克島的老舊捕漁船皮廓號停泊在港口內。風吹日曬下，它的風帆褪色了，船身磨損了。五十多年來，它在各地海上乘風破浪，殘破的甲板上如釘子般嵌著抹香鯨的牙齒。皮廓號的船長名叫亞哈。從前有一頭海中猛獸咬斷了他一條腿。從此，他這輩子就只剩一個心願：報仇。這是他的執念，是他的人生意義所在：捉到並消滅那頭駭人的白色抹香鯨莫比敵。

這種報復的欲望從何而來？來自憤怒。來自一種忿忿不平的感受，覺得自己遭受了不公平的對待，深信別人對我們應得的事有所虧欠。別人並未給我們應有的認可、感激或獎賞。人生虧欠了我們，而我們想討回公道。憤怒的人並不想要製造混亂；他們想要的是秩序——回歸事情正常的秩序。

亞哈象徵的是這種憤怒。而莫比敵代表的是他所遭受的磨難、命運的殘酷。這個命運，亞哈想扭轉它，想與它抗衡。這就是他的瘋狂執念：對抗自己的命運。想要比宿命更強大。對他而言，一切盡是敵對，他想要成為海上霸主，想要和神平起平坐。他誓言終結那頭該死的鯨魚，牠象徵著他所未能得到的一切。

從玻里尼西亞到巴塔哥尼亞，亞哈跑遍四海七洋，對牠一路窮追猛打。不論是灰濛的寒冬，或酷熱的夏暑，他心裡只有一個念頭，不計代價一定要捉到那頭抹香鯨。他心中的烈火熊熊不絕，任何其他替代品都無法澆熄。我們想要毀掉那個毀掉自己的東西，想要以牙還牙，但傷害已經造成，不論如何都無法抹滅。報復不論是冰冷的還是灼熱的，都只會讓人繼續空虛飢餓。

我們希望的是那不公不義的事從來沒發生過。但我們永遠不可能有辦法取消那些事，只會讓事情一再重現。憤怒沒有能力取得它想爭取的。就是這種無能為力，讓怒火一次又一次重新燃起，使腥風血雨有增無減。我們像亞哈一樣，想斬除那頭白色妖魔，當作牠從來沒存在過。可是人贏不了現實；永遠是現實說了算，這是注定的。

我們嘶吼、大叫、暴跳如雷，因為我們總無可避免又撞上那已經發生過的事。感覺就像對著一堵牆破口大罵：它依然文風不動。我們無法讓已經發生過的事變得不存在。白色抹香鯨於是象徵那不為所動的無情現實，它對我們的渴望和感受充耳不聞。已經發生過的事，它的背又白又滑，凡事都無法在上面著力，就像魚叉一碰到那頭抹香鯨的脊背也會歪斜打滑一樣。

如何才能不登上憤怒這艘捕鯨船？自己如何才能別也變成亞哈？沒辦法，只能等待怒氣消散，等待風平浪靜。因為，不論再怎麼劇烈，怒火總會平息，總會化為岸邊的浪沫。事發當下，最好的方法就是忍住，什麼也別做，什麼也別說。大爆炸也許有一種特殊的快感，但事後修復重建的代價很高。暴怒時從坡頂衝下來，事後爬回去總是漫長又艱辛。每一次發怒都像一場風暴，消耗了驚人的精神體力，留下斷裂的桅桿和殘破的風帆。事後整頓和修理船隻很困難。暴走以後，想再坐下來談，並不容易。

怒氣不會思考，而會把事態誇大。它眼中的事情總是扭曲的。就像我們面對侮辱自己的事物時，痛得先大喊一聲「哎唷」，等到事後才明白到底實際發生了什麼事。冒犯我們的事物，顯得巨大無比，引發熊熊烈火。我們感覺像掉進一口深不見底的井裡，沒有任何東西可供攀附。

只要心中怒氣未消，最好別下任何決定，用各種辦法先把怒氣平息再說：可以的話，出門走走、離開這場會議、停止爭辯。在內心大喊一聲「停！」，試著看見自己當下的模樣：咬牙切齒、氣喘吁吁、因為感到挫折而面目全非，而說到底，也敏感脆弱。必須放那頭白色鯨魚溜走，讓傷口癒合。這個世界不是我們所想像的那樣：它既不溫暖也不友善。世上的水域裡有妖魔和鯨魚出沒。無法靠怒火打敗牠們。

《白鯨記》的作者赫曼．梅爾維爾並不像亞哈那樣滿腔怒火，但他在太平洋上跑船過很長一段時間。他僅用十八個月就寫成了這本約七百頁的小說，有點基於某種狂熱的迫切感。他不只是描寫一段獵鯨的過程而已；他是在歌頌海洋，歌頌這片不可預測又不可征服、近乎神聖的強大力量。然而書出版後銷量慘淡。這甚至是梅爾維爾窮困潦倒的開端。他負債累累，投稿要麼被退件，要麼不受讀者青睞，只好在紐約擔任海關檢查員，據他的說法，做這個差事還不如去養鵝……虧他那麼想捉到那頭白色鯨魚。

因為，他這本小說也是在說，我們人人都在追求某個難以形容、不易取得的東西。某個我們殷切渴望、朝思暮想的東西。這就是那頭白色鯨魚的另一層意涵：牠不是我們尋仇的對象，而是一種揮之不去的渴望，只不過往往非常神祕，藏在我們內心最深處。這以梅爾維爾來說，就是寫作和受讀者青睞，寫出能觸動大眾的字句。而我們呢，我們的白色鯨魚又是什麼？驅動著我們遠征的是什麼？我們描述得出來嗎？我們具體知道嗎？我們在人生中航行，尋找著一分意義、一個理由，乃至一個志向。

倘若不能如此，一如亞哈所說的：「什麼都沒有價值了，整個地球只淪為一個偌大的零。」這頭該死的抹香鯨是蠶食著亞哈船長的一種執念，卻也讓他的人生因而有了滋味。人生在世，總得要有一件等待自己去成就的事，不論在海上或在陸地上都一樣。我們必須自己解開內心的這道謎題，辨認出什麼是自己在追尋的白色鯨魚。於是莫比敵儼然成了某種基督聖杯，是個令人畏懼又無比珍貴的東西，一如自己內心深處的渴望，我們總難以具體描述出來。

人生在世，

總得要有一件等待自己去成就的事，

不論在海上或在陸地上都一樣。

我們必須辨認出

什麼是自己在追尋的

白色鯨魚。

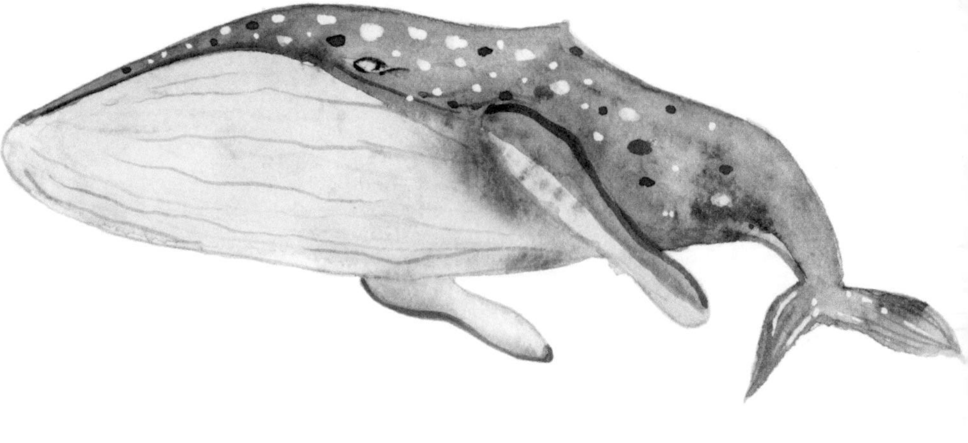

# 浮冰

## 接受障礙物

埃里伯斯是古希臘神話中的混沌、黑暗和地獄之神。很難想出有誰比祂更不適合做為往來對象。沒想到竟有人用這個名字替船命名。而且還不只如此，隨行的另一艘船，名為「驚駭號」。一八四五年，富蘭克林探險隊前往西北航道探險時，就是駕駛這兩艘船。

這兩個船名，注定要遭逢英國皇家海軍史上最可怕的慘劇：船員共一百二十九人，沒有任何一人生還。這也是最疑雲重重的一場慘劇：英國海軍這兩艘精銳船艦，連同船上身經百戰的海軍將士，怎麼會平空消失，一點痕跡也沒留下？後來一直到二〇一六年，才發現了該船的殘骸和遺物……在「驚駭灣」發現的。命運的誇張，有時就是這麼樸實無華。

環繞著「埃里伯斯號」和「驚駭號」的，盡是令人聞風喪膽和駭人聽聞的事：因努伊特人傳說中的冰雪怪物、疑似一再上演的人吃人情節……這兩艘船在極圈地帶的冰天雪地中，受困了三個漫長的冬天，過著越冬的生活。生活物資耗盡後，很可能也因為罐頭品質不佳而鉛中毒，倖存者試圖重返陸地上，拖著救生艇，就這麼舉步維艱在杳無人煙的極地上前進。沒有人逃過這一劫。日後發現了他們的足跡……在「饑荒溪」發現的。已經說過了，樸實無華嘛。

即使是最所向無敵的船艦，也可能落入大海的箝制。這時浮冰彷彿想奪下船隻，把船粉碎成木屑。我們人生中，有些時候就是這樣受困在冰天雪地裡。氣溫猶如瞬間驟降。我們宛若來到陰間，來到一個萬物都凍僵靜止的世界。那是充斥著失敗的國度，是我們那些極地永夜般的痛苦，是我們那些坐困冰雪愁城般的幻滅時刻。

不過，如果按照亞德里安・傑拉許・高梅瑞——他曾於十九世紀樂此不疲地積極探險極地——的說法，人要懂得接受越冬的生活，接受被困於冰天雪地中，並創想出一種不同的生活方式，以等待開闢出一條航道來，重新回到開闊的海面上。當時他的船「比利時號」遭浮冰包夾，苦等了十三個月，多繞了近三千公里後，才終於重獲自由。

人也可以對越冬生活不要逆來順受，而是藉機利用。這麼一來，就能善用多繞的路途，藉以達成自己的目標；把失敗和看似原地滯留，轉變成一種前進的方法。這便是「前進號」船長、挪威人弗里喬夫·南森所採取的策略，他當時決定順從北極浮冰[1]的運行，藉此前往北極。

因此，遇上阻撓和障礙物時，有兩種方法可循：屈服或智取，放棄或挺進。可是，一如剛才提到的那位傑拉許·高梅瑞也曾說過的一句中肯見解：「不論我們越過了浮冰或受浮冰所圍困，不論我們及時脫逃而避免了越冬，或受困在原地，都必須大膽冒險。」如何從失敗中存活下來？或該說，如何把失敗活得精采呢？學學傑拉許·高梅瑞吧：大膽冒險，繼續多認識自己。人會歡慶自己的成功，順著風暢行無阻。同樣的，遇到停滯和逆境時，人也可以選擇持續捫心自問和了解自己的行為。不論在冰封中或豔陽下，不論在拘束的冬季或奔放的夏季，都能給自己成長的機會。

當然，總是在一切都似乎喊停、在面對失敗之牆的時候，我們才有最多的疑問、才有最多揮之不去的「怎麼會」和「為什麼」，最多的「我當初怎麼會如何如何」和「我當初為什麼沒有如何如何？」。可是這種反省檢討，不論成功或失敗時都應奉行。這是向前邁進所不可或缺的助力。

要學會從失敗中再站起來，但也要懂得從成功中重新立足：人得以持續向前行的前提是要時時刻刻關注自己。既要分析自己為何失敗，也要探究自己為何成功。要努力看清自己，不論是在失意不得志的陰霾裡，或在功成名就的光輝中。

人生看似受阻時——遭受不公不義、喪失了希望和受盡打擊，往往只剩一件事可做：繼續做自己。因為，就算彷彿被自己的人生給放逐了、掉進陷阱了、拋錨故障了，我們依然是我們自己。就算失去了一切，或幾乎失去了一切，我們依然屬於我們自己。或許我們不再是船老大，不再像先前那樣凡事都是自己說了算，但我們依然還在船上，不論什麼也無法徹底摧毀這艘旗艦[2]。

「凡事只要沒要了你的命，都會讓你更強大」這句話是錯的。人並不會變得更強大；人就只是活命了而已，但這樣就已經很厲害了。

我們之所以是我們，無法簡化成一張一分為二的圖表，簡化成虧損與獲利、收益與欠債、失敗與成功。這類概念是用純粹數學和會計的角度來看待人生。大可事後做些檢討和結算，但我們本身永遠具有著數字和市場法則所無法闡述的價值。

我們不該把自己冰封在曾經錯失的事物裡：這次的失敗是我的，但我的失敗並不是我。我內心裡並不只有這件事，還有某種絕不放棄的東西。這就是為什麼越冬仍要繼續航行，而失敗也不能阻止我們做自己。

1 北極浮冰是一種長年存在的浮冰，漂浮在北冰洋中央，面積近九百萬平方公里。

2 旗艦即艦隊中的指揮司令船艦。

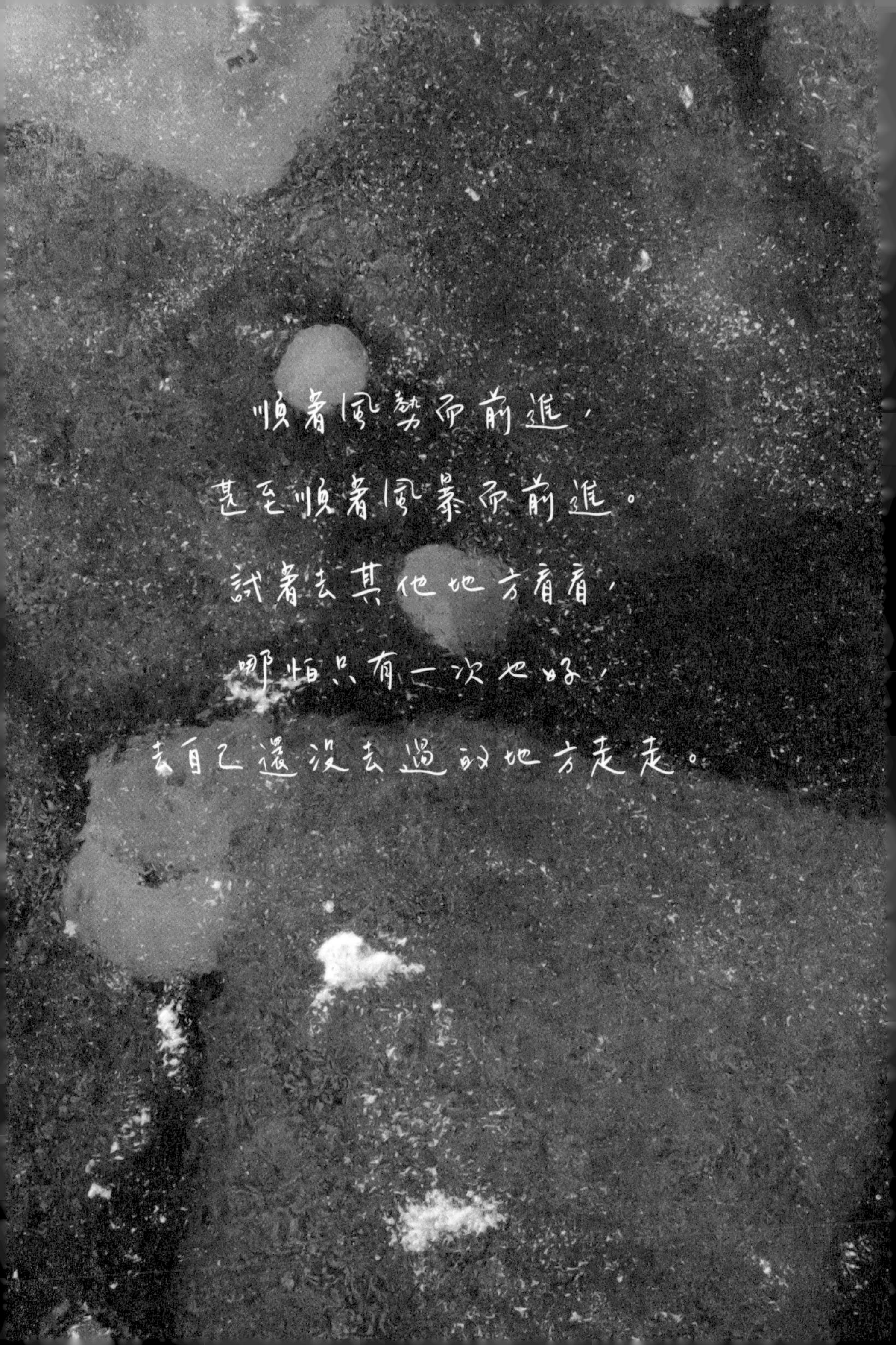

順著風勢而前進，
甚至順著風暴而前進。
試著去其他地方看看，
哪怕只有一次也好，
去自己還沒去過的地方走走。

# 游泳

## 擺脫小我的重力

剛開始學會游泳，就像出現奇蹟：我竟然浮起來了耶！所以我的身體不是石頭。我不會沉下去，我可以隨著大海遨遊，與它的水流和波浪為伍。我打敗了重力；這下可以在湛藍海浪中享受無重力的感覺。想必只有飛翔能媲美。

這種現象當然有其物理上的解釋。是由古人阿基米德所提出的，他是個住在敘拉古的希臘人：「浸入液體中的物體均會受到垂直向上的浮力，浮力大小等於該物體所排開的液體重量。」換句話說，水的密度越高，重量越重，這股垂直向上的浮力越大。

而鹹水的密度比淡水高。因此水中鹽分含量越高，人就越容易浮起來。死海就是這種情形，它水中的鹽分居世上之冠，約為三〇％，一般則為三％。溫度也扮演著重要角色：冷水的密度比熱水的密度高。因為高溫會使水分子活動加劇，互相遠離。因此如果想運送沉重的貨物，最好航行在冰冷且鹽度很高的海域。

物理觀察說完，輪到詩意了。大海會改變我們的姿勢：從原本直立的行走，轉變成橫臥的漂浮。我們不再從自己所立足的雙腿上俯瞰四周的世界，而是成為世界的一部分。從這個角度來說，潛入水中並不是跌倒摔跤，而是與周遭合而為一。是相遇邂逅，而不是失足墜落。

我們身處在大海中央，四面八方都被海水所環繞。我們彷彿不在任何地方，不再被侷限於某個定點，反觀在陸地上的時候，我們總是身處在某個地方，總是待在某個地點，就像標本針下的蝴蝶。在水中睜開雙眼，被這整片活力動人的靛藍色所裹覆，是一種無與倫比的體驗：人徜徉於無限永恆中，與它合為一體了。

大海是行雲流水的國度，沒有任何圍籬來把它劃分成隔離的空間。一切都顯得無邊無界，沒有分野，只有一望無際的藍色。陸地反而像是個不連續的領域：我們從某個 A 點去到某個 B 點，並不是沉浸在一種既沒有疆界也沒有地域的無垠裡。沉浸在這不間斷的浩瀚場域裡，大海也帶給我們一種輕盈的感覺：我們確實是一身輕裝，沒有行囊，就這麼投向海水的懷抱。我們放下執著，幾乎渾然忘我了。

輕盈，是一門深奧學問。有成千上萬的重擔束縛著我們：我們的過去、已然不再的幸福、被辜負的愛情……還有特別是：我們自己。「我」是所有束縛中最礙手礙腳的一個。不過，沉重的倒不見得是我現在是如何，而是我想要如何：想要被愛、想要被認可、想要被傾聽。倒不見得是我這個人是如何，而是我想呈現出什麼樣的形象：活力十足、獨立自主、很能幹。我的生活中不是只有我自己，還有所有那些我希望成為的自我形象。

游泳是個鬆綁自我的好機會，鬆綁那種覺得非得要「成為」這樣或那樣的執著。這時的我們只不過是一個整體的極渺小一部分。這種遼闊汪洋的感覺，不僅僅是與悠悠天地的天人合一；也是從小我的狹小中解放開來。拋開小我驅使我們去做和接受的所有那些事：為自己辯解、自我吹噓、鄙視、放棄……

說不定還有更糟糕的：自我欺騙。因為，起初只是為了討好或奪勝而塑造出的那個形象，人到最後會信以為真。人到最後會相信那個自己所想呈現出的模樣，會把我們真實的「我」撤換成一個量身訂做、刻意打造來吸引別人的「我」。

自戀是一種既累人又根本一點也不有趣的事。「我」是一場沒有交談對象的獨白，是自己在跳針，無法學到新知，也無法讓自己耳目一新。那是小我的封閉世界。游泳可以把這種詞窮的對話留在岸上，可以拋開這種強制要求，不再非做自己不可而事實上卻是在做別人——做一個更願意配合、更願意服務別人、更有親和力的人。

想活得這麼輕盈自在，並不是一蹴可幾。人往往想要證明，想要「有所表現」，想要名列前茅。人想要爭得一席之地，想要出類拔萃。而且人會正經八百去達成這所有指令。小我毫無幽默感可言。它只會張牙舞爪，咄咄逼人：它特別缺乏一種非常特殊的優雅，即如實地做自己，一分不多也一分不少，有時不知所措，經常躊躇猶疑，想要被愛、被幫助，偶爾也傷心難過。

游泳是一種練習，練習拋開礙手礙腳的自戀心態：我拒絕非要完成我替自己訂下的目標不可，拒絕為自己塑造某種性格，彷彿當它是某種打算拿去市場上兜售的產品似的。這樣我能得到什麼好處？自由、無重力的感覺——和也許一絲絲的永恆。

不該把自己冰封在曾經錯失的事物裡：

這次的失敗是我的，

但我的失敗並不是我。

這就是為什麼越冬仍要繼續航行，

而失敗也不能阻止我們做自己。

# 海上的不測風雲

## 居安思危

今晚是來自美國費城的韋德納夫婦的盛大晚宴。菜單上有：生蠔、慕絲琳白醬佐鮭魚、鵝肝醬和黑松露佐菲力牛排、里昂式炒雞、焗烤早收馬鈴薯泥、蘿蔓沙拉、華爾朵芙布丁、夏翠絲酒香糖漬蜜桃。外頭的海上，風平浪靜，夜色晴朗。現在是晚上七點。今天是一九一二年四月十四日星期日，位置是鐵達尼號船上。

晚間十點三十分，正在北側數浬處航行的英國商船「拉帕漢諾克號」傳來這則警訊：「我船剛剛穿越一片布滿厚重浮冰和許多冰山的區域。」鐵達尼號的回覆是：「訊息收到。謝謝，晚安。」

過了一小時，藉著微弱的星光，瞭望員費德列克·弗利特從「烏鴉巢」[1]隱約瞥見五百公尺處有巨物：「正前方有冰山！」鐵達尼號企圖閃避，但未能成功：整個右側船身都受重創，在鋼鐵中劃出一道破口。上百塊冰塊飛濺到艄樓[2]上。某些乘客還說可以拿來加在他們的威士忌裡，與此同時，大量冰水從船身破口湧入，止也止不住。

三千五百多名乘客中，只有七百人生還。船上的救生艇最多僅能承載三分之一的乘客。鐵達尼號殘骸的確切位置於一九八五年被發現，位在紐芬蘭東南方六百五十公里處，深近四千公尺。二〇〇三年，美國和英國共同簽署了一項協定，要保護這艘沉船不受觀光客和掠奪者破壞。也為了尊重在這最後一趟旅程中斷魂的乘客。

一八二四年到一九六二年間，世界上發生的船難大約有一萬三千起，換算起來每年有大約一百起。法文的船難「naufrage」一詞源自拉丁文動詞 frangere，意思是「打破」「分離」。因為，大海代表著災難和生離死別。它把人生的軸線硬是斷開，一分為二，分成一個原本還無憂無慮且幸福快樂的「之前」，和一個如一九一二年四月十四日深夜一樣冰冷的「之後」。

所有的分離都是一種失去：失去了純真，失去了信任，失去了希望。不論失去的是一位朋友、一份工作、一段感情，人總會有一種脆弱無助和深陷泥淖的感覺：覺得自己流離失所了，不再知道哪裡才是容身之處，也不再知道自己的目的地是何方。沒有誰的人生能免於遭逢打擊、撞上冰山，或受到誤解。人生旅途中沒有什麼事是可以真正掛保證的。那麼遇上危險時，怎麼辦呢？

快逃。就直接說了吧：走為上策。這樣不只是一種識時務的明哲保身，更是一種特殊的勇敢，敢對自己說，此刻除了走避之外也無計可施。別天真在槍上插著花朵，傻傻直朝禍事而去，而是要檢視當前的局勢，並告訴自己，這場仗不是自己要打的：舉發體制內的特權？向那個沒實力的濫權主管攤牌？簡單一句話，改革整個制度？或許還不如效法一七五四年「亞榮森侯爵號」的船員遇上一場狂風暴雨時的求生技巧。海上掀起驚滔駭浪之際，他們決定爬進前桅的牽索[3]間，可免於受海浪拍打，也等待風雨平息。已經說過了，有時候，躲避才是上上策。

重點是要衡量自己的量能和釐清自己所無法接受的事：權威、衝突、妥協……在船上，總會仔細盤點安全裝備、遇上危險時可能救命的所有配備是否都已備妥，像是自燃燈[4]或安全工作索[5]。在人生中，我們的明辨和冷靜，也會帶來彌足珍貴的助益。簡單一句話：謹慎的藝術。

因為，這確實是一種藝術，而不是恐懼或害羞。在大多事情都無法預料時，能洞燭機先，在凡事都無法篤定的情況之下，能有前瞻之見。不會不考量處境、情勢和檯面上的當事人，就貿然躁進。採取行動，總是猶如靠目測在駕船航行。所以：要謹慎再謹慎。

謹慎和魯莽的「不成功，便魚死網破」截然不同，後者無可避免會造成一個受害者：我們自己。在某些情況下，謹慎是一種最大膽的大膽。節約精力而別自我損耗，去找個制高點，好比前桅的牽索那上面，而別在格鬥場的沙石地上流汗流血。

萬萬不可衝動行事：第一直覺很少是對的。要不疾不徐仔細關注情勢，不要倉促下決定。別像一七三四年「伊莉莎白凱薩琳號」的那位軍官一樣，把瑪韓恩教堂的鐘樓誤認成科爾杜昂燈塔，導致他的船失事了。至於鐵達尼號的船長愛德華．史密斯又該怎麼說呢？沉船的那一夜稍早，他根本就沒召集值班的組員。要謹慎再謹慎呀。

法文的不測風雲「fortune de mer」字面意思是「海上的機運」。竟然用這麼好聽的字眼形容可能發生的船難、性命和財物的損失……它就像那轉個不停的命運之輪，為我們人生帶來高低和起伏、成功和失敗。只要有它在，就沒有什麼真正恆久、保證篤定的事。但它也是機會，讓我們得以發掘出自己內心所蘊藏的資源，尤其是關於自信的資源。

因為，兩者是相輔相成的：少了謹慎，人的天賦就虛擲浪費了，自信也是；少了自信，人絕不會相信自己有能力應付得來。要謹慎並對自己有信心，因為我們當然無法凡事樣樣精通，但仍能以獨挑大樑的架勢採取行動。

---

1 烏鴉巢即桅杆瞭望臺，位在桅杆的最頂端。
2 艏樓是位在甲板前端連通左右兩側的高起結構。
3 牽索是用來固定主桅桿前方之前桅的繩索。前桅撐有一面較低的大帆，稱為前帆。
4 自燃燈為救生圈上的配件，可發出強光，有助搜尋落水人員。
5 安全工作索是從船的後側一路連接至前側之各舷緣上的纜線或繩索，供人員在甲板上移動時緊握。

撥出時間什麼也不做、

只靜心關注自己的四周時，

事物會呈現出一種特殊的光澤。

# 鯊魚的哲學

## 拒絕舊習慣

一片海灘，還有天空和星星。一名女子走向水浪，準備來一場幸福無比的夜泳。奢華、海濱和極致享受。這是電影《大白鯊》第一幕的第一個畫面。取景很大膽，鏡頭從女性演員身體的下方拍攝，遊走於恐懼和危險之間、驚悚和愉悅之間。《大白鯊》（原文片名「Jaws」是「齒顎」的意思）描述的是出現了一個來自外海的威脅。一名員警決定封鎖這片海灘。美國東岸這座非常夯的海水浴場瑪莎葡萄園島，一概禁止進出了。

如今，由於遭到人類大屠殺，鯊魚才是正在滅絕的物種。牠明明在地球上已經存活了上億年，是最早具有齒顎的脊椎動物之一。牠自四億年前出現以來，型態幾乎一直沒什麼改變。

鯊魚是海中之王：牠在黑暗中的視力比貓還強，嗅覺比人類更敏銳一萬倍，味覺極為敏感。牠的聽覺能察覺非常細微的水壓變化和水中的震動。牠甚至能感知獵物的磁場。

重點是，鯊魚總是游個不停；牠時時刻刻保持活動狀態。為了活命，牠非動不可。牠唯有在活動時才能呼吸。牠讓水從嘴巴湧入（所以嘴巴總是半開），再把水從牠的五至七對鰓裂排出，透過這個過程吸取氧氣和排放二氧化碳。竟然有五至七對鰓，其他魚類的鰓僅只有一對……

所以為了呼吸，牠必須不斷游泳，就算游得很慢也沒關係。要是停下來，牠就沒命了。牠短暫休息一下時，是待在海底，面向水流，以利吸收氧氣。這樣既不絕望，也不是困獸之鬥：這就是牠特有的活命方式。

鯊魚是一刻都不得閒嗎？會不會牠讓人看到的其實是，僵化保守才是最危險？喪失了探索和嘗試的欲望？會不會牠所說的是，至關重要的是永遠別妄想能兩度踏進同一片流水中，永遠要前往尚未去過的境地？如果效法鯊魚，就是拒絕滯留：人到底有什麼理由繼續做一直以來都在做的事呢？我們憑什麼不能改變舊習慣、改寫一下自己那些有點老調重彈的劇本呢？

以鯊魚的方式過活，並不是如主流觀點所要求的那樣，既無道德感也無羞恥心，只唯利是圖，而是拒絕裹足不前。因為，我們生活中有一種潛規則般的被動：事情就是這樣了，別想改變。可是明明就可以改變：向來都有改變再造的可能性，人可以向前邁進，而不是只能延續既往。向來都可以轉向改道，前往從前沒去過的地方。

是故，我們可以為自己擬一套反停滯的計畫，不是逼迫，也不勉強，而是持之以恆刻意地另闢蹊徑：閱讀哲學論述，有何不可？一時興起去鄉野渡假、買一件迥異於自己以往風格的衣服、明明很想掌控一切卻任由別人隨便怎麼說和隨便怎麼做、品嘗一種全新的生活方式、在自己所在的城市和社區當個觀光客、獨自在露天座位小酌一番而不直接回家、換一種方式思考、挺身發聲……這一千零一種呼吸，通通都能復甦自己的每一組鰓葉。凡事沿襲舊規並不是什麼萬靈丹。它功效最強的反而是讓人……從此再也不進步了。

鯊魚的哲學在於不要每次都如出一轍。願我們能清明坦然地列出自己那些千篇一律的言行、那些使我們停頓原地的反應和謬誤：拖延到明天甚至後天、時時為自己辯解、不敢鼓起勇氣、痴痴愛一些不愛我們的人、為小事大發雷霆……我們一而再再而三表現出相同的行為舉止，因而阻礙了運行。讓我們前進、改變、呼吸吧。別讓長期慣有且保守封閉的行事方式使我們缺氧窒息。這才是真正的危險，才是真的會咬斷雙腿和心靈的血盆大口。

要當一座島嶼，遠離大陸，

不像陸地而更像火山，

而且保守神聖的火光。

自己的火光。

只以自己為一國，

徜徉海上，無拘無束。

# 致謝

首先要感謝我的編輯瑪莉・樂華——「喔，船長，我的船長！」。也感謝PG、我的女N和男N，這次也再度感謝替我校對的榮巴迪・佛薩。感謝芭絲卡・瑪特麗放我在全世界最棒的飯店裡越冬。我就不感謝那些在我路途中作梗的人了。我要在此對那些遨遊四海的勇者、拒絕守在陸地上的奔放靈魂，表達欽佩之意。

# 助航標識

想必有讀者在本書中認出了一些回音，呼應著波特萊爾、韓波、雨果、佩索亞、芙蘿倫絲・雅多、卡謬、喬亞金・杜貝雷（Joachim du Bellay）、碧姬・芭杜、山繆・貝克特、阿蘭・蘇松（Alain Souchon）、亨利・米肖（Henri Michaux）、羅曼・加里、艾梅・塞澤爾、聖修伯里、尼可拉・布維耶、阿蘭・柯爾本、露伊絲・葛綠珂、保羅・呂格爾、米榭・帕斯圖羅（Michel Pastoureau）、伊莎貝・歐提榭（Isabelle Autissier）、愛蒂・琵雅芙、赫拉克利特、拉馬丁、布列茲・松德哈爾（Blaise Cendrars）、赫曼・梅爾維爾、榮路易・艾提恩（Jean-Louis Étienne）、尼采、柏拉圖、塞內卡、蒙田、帕斯卡和笛卡兒。

國家圖書館出版品預行編目資料

所有的生命都在流動：大海給你我的生命指引 / 洛朗絲．德維萊爾（Laurence Devillairs）著；梁若瑜譯. -- 初版. --
臺北市：先覺出版股份有限公司, 2024.02
192 面；14.8×20.8公分 --（人文思潮；171）
譯自：Petite philosophie de la mer
ISBN 978-986-134-487-4（平裝） 1.CST：海洋 2.CST：人生哲學
191.9 112022596

Eurasian Publishing Group 圓神出版事業機構 用心與你對話．視野無限寬廣 先覺出版社 Prophet Press

www.booklife.com.tw reader@mail.eurasian.com.tw

人文思潮 171

所有的生命都在流動：大海給你我的生命指引

作　　者／洛朗絲．德維萊爾（Laurence Devillairs）
譯　　者／梁若瑜
封面繪者／托馬斯．桑切斯（Tomás Sánchez）
發 行 人／簡志忠
出 版 者／先覺出版股份有限公司
地　　址／臺北市南京東路四段 50 號 6 樓之 1
電　　話／（02）2579-6600．2579-8800．2570-3939
傳　　真／（02）2579-0338．2577-3220．2570-3636
副 社 長／陳秋月
主　　編／李宛蓁
責任編輯／李宛蓁
校　　對／林淑鈴．李宛蓁
美術編輯／林雅錚
行銷企畫／陳禹伶．黃惟儂
印務統籌／劉鳳剛．高榮祥
監　　印／高榮祥
排　　版／莊寶鈴
經 銷 商／叩應股份有限公司
郵撥帳號／ 18707239
法律顧問／圓神出版事業機構法律顧問　蕭雄淋律師
印　　刷／國碩印前科技股份有限公司
2024 年 2 月　初版



內頁圖片提供：dreamstime

定價 380 元　ISBN 978-986-134-487-4　